KB069418

목간에서 고대가 보인다

경북대학교 인문학술원
HK+사업단 번역총서 02

경북대학교 인문학술원 HK+사업단편
日本木簡學會 엮음 ㅣ 橋本繁 이동주 옮김

MOKKAN KARA KODAI GA MIERU
ed. by MOKKAN GAKKAI
ⓒ 2010 ed. by MOKKAN GAKKAI
Originally published in 2010 by Iwanami Shoten, Publishers, Tokyo.
This Korean edition published 2021
by Juluesung Publishing Co., Seoul
by arrangement with Iwanami Shoten, Publishers, Tokyo

이 저서는 2019년 대한민국 교육부와 한국연구재단의 지원을 받아 수행된 연구임
(NRF-2019S1A6A3A01055801)

목간에서
고대가
보인다

경북대학교 인문학술원
HK+사업단 번역총서 02

경북대학교 인문학술원 HK+사업단편
日本木簡學會 엮음 Ⅰ 橋本繁 이동주 옮김

 주류성

일본 목간학회 편, 『목간에서 고대가 보인다』, 岩波書店, 2010년에 대한 발간사

경북대 인문학술원에서는 2019년 5월부터 7년간 인문한국진흥사업(HK+사업)의 연구 아젠다인 "동아시아 기록문화의 원류와 지적네트워크 연구"라는 연구 아젠더를 수행하고 있다. 주된 연구대상은 20세기 초 이래 지금까지 한국·중국·일본에서 발굴된 약 100만 매의 木簡이다. 목간은 고대 동아시아의 각종 지식과 정보를 함축한 역사적 기억공간이자 이 지역의 역사와 문화적 동질성을 확인하는 인문플랫폼이라 할만하다. 다만 지금까지의 목간 연구는 종래 문헌자료의 부족으로 인하여 연구가 미진하거나 오류로 밝혀진 각국의 역사를 재조명하는 '一國史' 연구의 보조적 역할을 하거나, 연구자의 개인적 학문 취향을 만족시키는 데 머문 경향이 없지 않았다. 그 결과 동아시아 각국의 목간에 대한 상호 교차 연구가 미진하고, 목간을 매개로 형성된 고대 동아시아의 기록문화와 여기에 내재된 동아시아 역사에 대한 거시적이고 종합적인 연구가 부족한 것이 현실이다.

이에 우리 HK+사업단에서는 목간을 단순히 일국사 연구의 재료로서만이 아니라 동아시아 고대기록문화와 이를 바탕으로 형성·전개된 동아시아의 역사적 맥락을 再開하고자 한다. 그리고 기존의 개별 분산적 분과학문의 폐쇄적 연구를 탈피하기 위하여 목간학 전공자는 물론이고 역사학·고고학·어문학·고문자학·서지학·사전학 등의 전문연구자와 협업을 꾀하고자 하며, 이 과정에서 국제적 학술교류에 힘쓰고자 한다. 그 일환으로 우리 사업단이 축적한 목간학의 학문적 성과를 '연구총서'로, 국외 목간 연구의 중요 성과를 '번역총서'의 형태로 발간하고자 한다.

1961년 이래 현재까지 약 50만 매의 목간이 발굴된 일본에서는 목간의 조사와 발굴 및 정리와 연구의 전 과정이 체계적으로 정착되어 있을 뿐 아니라 개론서로부터 전문연구서까지 목간에 대한 양질의 연구 성과가 다양하게 축적되어 있음은 잘 알려진 사실이다. 그렇지만 국내에서는 주로 한일 목간의 형태와 서사 방식 및 내용상의 유사성을 찾아내어 한국 목간이 일본 목간의 원류일 것이라는 점에 주목할 뿐 일본 목간에 대한 전문적 연구는 거의 이루어지지 않았다. 이에 우리 사업단에서는 전문 연구자는 물론이고 목간에 관심을 가진 학문후속세대 및 일반인들의 목간에 대한 탄탄한 학문적 기초 다지기의 일환으로 일본의 연구 성과를 적극 번역 출간하기로 하였는바, 본서가 그 대표적 성과물의 하나라 할 수 있다.

이 책은 2009년 일본목간학회 창립 30주년을 기념하기 위해 간행된 일본목간학에 대한 총론격의 저술이다. 본서는 1961년 헤이조큐(平城宮)에서 일본 최초로 목간이 발굴된 이래 2009년까지 출토된 약 37만 매의 목간에 대하여 각각의 형태와 내용 및 이에 대한 연구사를 정리하는 한편, 목간에 반영된 일본 고대사의 새로운 면모를 규명하고, 나아가 동아시아적 관점에서 목간의 사료적 가치를 제시하였다. 이외에 목간의 출토로부터 폐기에 이르는 전 과정에 대한 고고학적 접근법과 더불어 유물로서의 목간에 대한 보존과 공개 및 연구 방법에 대하여 유의미한 제안을 하였다는 점도 눈여겨볼 만하다.

본서의 한국 출판을 흔쾌히 동의한 일본목간학회측과 번역을 맡아주신 우리 사업단의 橋本 繁·이동주 HK연구교수의 수고에 감사드린다. 이러한 학문적 성과의 나눔이 고대 동아시아세계가 공유한 歷史像에 대한 새로운 硏鑽의 계기가 되기를 희망한다.

경북대학교 인문학술원장
HK+사업연구책임자
윤재석

번역후기

이 책은 2009년 일본 목간학회 설립 30주년 기념사업으로 간행한 (『木簡から古代がみえる』, 岩波書店, 2010)을 한국어로 번역한 것이다. 목간은 나무의 견고함에 주목한 고대인들이 선호한 행정의 보조재료였다.

저명한 니시지마 사다오(西嶋定生)가 제창한 동아시아 세계론은 중국을 중심으로 한 책봉관계론이 핵심이지만, 이러한 문화권을 구성하는 특징으로 유교, 불교, 한자, 율령을 들고 있다. 목간은 한자를 매개로 각 요소마다 적재적소에서 소비되었다. 예컨대 유교나 불교는 경전이 목간에 묵서되었고, 율령국가의 명령이나 지배질서 역시 목간으로 실현되었다. 동아시아 문화권에서 소비된 목간은 천 수백년이 지난 오늘날 되살아나 고대사회의 역동적인 모습을 그려내는데 일조하고 있다. 바야흐로 목간학의 시대가 도래한 것이다.

마침 경북대 인문학술원 HK사업단에서는 "동아시아 기록문화의 원류와 지적 네트워크 연구"란 아젠다로 한, 중, 일 목간을 집성하고 있다. 이를 통해 각국에서는 목간이 어떻게 소비되었고, 율령국가의 문서행정에 뒷받침되었는지 규명할 수 있을 것으로 기대한다.

사실 일본은 한국보다 앞서 목간이 연구되었다. 질적이나 양적인 면에서 한국을 압도한다. 따라서 이 책은 목간의 연구 방법론을 한국에 소개할 목적으로 번역되었다. 우리보다 앞서 목간에 대해 고민했을 일본 학계의 성과를 점검해 보고 싶었다.

이 책의 내용은 첫째로 1961년에 헤이조큐(平城宮)에서 처음으로 목간이 출토된 이래 일본에서는 책이 간행된 2009년까지 약 37만 점의 목간이 출토되었는데(2021년 현재 약 47만 점) 그 반세기 동안에 어떻게 조사가 진행됐는지 정리되어 있다. 아스카이케(飛鳥池) 목간이나 나가야왕가(長屋王家) 목간을 비롯한 중요한 목간에 대해서는 목간의 내용이나 의의를 개별적으로 자세히 소개되고 있다.

둘째로 하찰 목간 등 대표적인 일본 목간의 유형이 소개되고, 그것을 통해 일본 고대사 연구가 어떻게 진전되었는지, 어떤 사실을 알 수 있는지 정리되어 있다. 특히 도성이 어떻게 조영되었는지, 그리고 지방에서 사람들이 어떻게 생활했는지 등 『일본서기』 같은 역사서를 통해서는 알 수 없었던 사실들이 목간을 통해 처음으로 밝혀진 것을 통해 목간이 역사연구에서 가지는 의의를 잘 알 수 있다.

셋째로 일본 목간만이 아니라 한국에서 출토된 목간이나 중국에서 출토된 목간, 그리고 현재 오키나와에서 사용되는 목간에 관해서도 설명되어 있어서 동아시아적인 관점에서 목간이라는 사료를 검토했다.

넷째로 목간의 내용만이 아니라 목간이 어떻게 폐기되어 현재까지 남게 되었는지, 그것을 보존해서 공개, 연구하기 위해 어떤 노력이 필요한지 등에 대해서도 구체적으로 설명하고 있다.

이 책은 일본 목간을 중심으로 하고 있지만, 목간이라는 사료가 어떤 내용이고 어떤 특징이 있는지, 그리고 목간을 통해서 어떤 것을 알 수 있는지를 잘 알 수 있다. 사실 이 책의 주 독자층은 일본에서 주로 일반인을 대상으로 겨냥한 것이다. 다만 평이한 서술이어서 일본사의 깊이가 얕더라도 목간을 이해하는데 문제는 없을 것이다. 뿐만아니라 그동안의 연구 성과도 정리되어 있어서 목간을 이용한 한국 연구자, 목간을 배우려는 학문 후속세대에게도 훌륭한 길잡이가 될 것으로 생각한다.

경북대학교 인문학술원

HK+연구교수

橋本 繁·이동주

머리말

사카에하라 도와오(榮原 永遠男)

"다쿠(琢) 선생님! 뭔가 글자가 적혀 있는데."

1961년 1월 헤이조큐(平城宮) 발굴조사에서 처음으로 목간이 출토되었을 때의 생생한 첫마디다. '다쿠 선생님'이란 고고학자 다나카 미가쿠(田中琢. 전 나라국립문화재연구소(奈良國立文化財研究所) 소장. ※옮긴이: '다쿠'는 미가쿠의 한자 '琢'을 음독한 것)이다. 양동이 흙물 속에서 나무 조각을 물체질하다가 글자가 써진 것을 확인했을 때의 일이다(田中琢, 「木簡第一号発見のころ」, 『木簡研究』, 창간호, 1979년). 그 무렵까지만 해도 고대사 분야든 고고학 분야든 유적에서 출토되는 유물에 '먹으로 쓴 글자가 남아 있다'라는 건 의식조차 하지 못했다. 글자가 적힌 사료는 문서나 비문 등의 형태로 남은 것에 한정된다고 생각할 때였다. 그런데 흙 속에 묻힌 나무 조각에서 다름 아닌 '문자 사료'가 발견된 것이다. 당시 놀람이 얼마나 컸을까.

이렇게 땅속에서 발견된 목제품 중에 먹으로 글자가 적혀 있는 것을 널리 목간이라고 부른다(쇼소인(正倉院)에 전해지는 목간처럼 출토품이 아닌 것도 있다).

고대 일본에서 '나무에 먹으로 글자를 쓰는 일'은 여러 상황에서 널리 사용되었다. 그래서 용도에 따라 목간도 여러 종류가 있다. 짐을 보낼 때 붙이는 하찰(荷札), 용기 내용물을 적은 부찰(付札), 길가에 게시하는 찰(札), 묘지의 소토바(卒塔波. ※옮긴이: 얇게 만든 판자에 경문을 쓴 것) 등 나무가 적합할 때 목간은 널리 사용되었다. 또 글자를 깎아내면 재활용할 수 있으니까 메모, 전표(傳票), 편지 등 단기간에 용도가 끝난 경우에도 목간이 많이 이용되었다. 형태에도 여러 종류가 있다. 장방형, 끝을 뾰족하게 만든 것, 끈을 매달기 쉽도록 홈을 판 것, 구멍을 뚫은 것, 사람 형태를 한 것도 있다. 또 두꺼운 것, 얇은 것, 여러 두께가 있고 삭설도 있다.

이렇게 여러 종류의 목간을 그것이 출토된 유적과 관련지어 구체적으로 검토하는 것을 통해 목간을 사용한다는 게 어떤 것인지, 목간을 사용한 중앙·지방 관청의 구조나 사람들의 생활이 어땠는지를 엿볼 수 있다.

첫머리에 말한 사례에서 알 수 있듯이 목간의 발견은 '우연'에 의존하는 부분이 크다. 목간은 보통 발굴 조사할 때 흙투성이로 출토된다. 목간이 포함될 만한 흙은 통째로 조사사무소로 가져가 흙을 씻어내 비로소 발견될 때도 있다. 거기서 무엇이 발견될지. 여태까지 상상도 못했던 내용을 발견할 때도 있어서 조사는 항상 놀람의 연속이다.

그리고 또 목간은 결코 일본만의 것은 아니다. 고대 중국 여러 왕조에서도, 고구려·백제·신라·가야 등 한반도 여러 나라에서도 사용되었다. 일본 목간은 이들의 영향을 크게 받은 것이다. 중국이나 한국의 목간과 일본 목간은 어떤 점에서 차이가 있고 또 어떤 점이 유사할까. 흥미는 그치지 않는다.

목간의 흥미로움, 중요성은 일본 고대에 관해 말하자면 무엇보다 『日本書紀』나 『續日本紀』 등 사서에서 알 수 없는 중요한 사실을 알 수 있다는 점이다. 저명한 사례로 후지와라큐(藤原宮) 터 출토 목간이 있다. 자세한 설명은 생략하겠지만, 이 목간을 통해 지방 행정 구획의 명칭이 701년의 다이호(大寶) 율령 시행으로 전국적으로 한꺼번에 '評'에서 '郡'으로 바뀌었다는 사실이 밝혀졌다. 『日本書紀』, 『續日本紀』를 통해서는 알 수 없어서 치열하게 논의되던 것이 목간으로 단숨에 해결된 것이다.

하지만 그것이 의미하는 바는 거기서 끝나지 않는다. 고대사 연구에서 피할 수 없는 '다이카노카이신(大化改新)'의 실태에 관해서 큰 문제를 제기했기 때문이다. 『日本書紀』에 보이는 중요한 사료인 '개신조(改新詔)'는 나코노오오에(中大兄) 황자(뒤의 덴지(天智)천황) 등이 소가(蘇我) 씨 종가를 멸망시킨 다음 해(646, 大化2)에 내려진 것으로 되어 있다. 그런데 거기에는 위에서 말했듯 701년 이후에야 처음으로 사용되었던 '郡'이 나온다. 그렇다면 『日本書紀』에 나오는 改新詔는 반포 당시 모습은 아닌 셈이다. 즉 『日本書紀』의 신빙성에 중대한 의문이 있다는 부동의 증거라고 할 수 있다.

이는 목간의 중요성, 유효성을 선명하게 보여준 사례라 하겠다. 이 이외에도 연기(年紀)가 적혀 있는 목간이 출토된 것을 통해 그 유적의 연대나 함께 출토된 유물의 연대가 결정되는 등 목간이 중요한 역할을 한 사례는 매우 많다.

목간이 관심을 받기 시작한 계기는 앞서 설명한 1960년대 헤이조 큐(平城宮) 터 발굴조사에서 목간이 출토된 것에 기인한다. 그 뒤로 전국 각지에서 목간 출토가 잇따랐다. 그래서 목간에 관련된 학회를 설립하자는 요청의 목소리가 높아졌다. 그 결과 1979년에 목간학회가 설립되어 기관지『木簡硏究』(연간)가 발행되기 시작한 것이다.

목간학회의 자세는『木簡硏究』창간호의 '창간사'에 다 나와 있다. 거기서 故 기시 도시오(岸俊男) 회장은 목간에 적혀 있는 글자만을 검토하는 것이 아니라 그를 포함해서 목간 그 자체의 형태라든지 출토상황, 함께 출토된 유물 등을 총합적으로 연구하는 것이 중요하다고 주장했다. 목간학회는 일관되게 이 방침을 간직한 채 오늘에 이르렀다.

목간학회는 2009년 설립 만 30년을 맞이했다. 지금까지 10년마다 기념사업으로『日本古代木簡選』『日本古代木簡集成』2권을 간행했다. 30주년 기념으로는 취향을 좀 바꿔서 널리 시민들에게 목간을 알리기 위한 공개심포지엄을 개최하고 그 내용을 중심으로 많은 사람이 읽을 수 있도록 책을 간행하게 되었다. 그것이 이 책이다.

이 책에서는 일본에서 고대 동아시아까지 시야를 넓혀서 여러 종류의 목간을 다뤄 그 성격이나 역할에 관해 서술했다. 목간의 흥미로움, 중요성, 다양성 등 목간의 깊고 넓은 세계를 만끽하기를 바란다.

차례

일러두기

*본문 중에 목간의 석문(목간에 적힌 문자)을 인용할 때, 목간학회의 관례에 따라 일부 부호를 사용하였다. 각각 나타내는 것은 다음과 같다. 또 일반 독자의 가독성을 고려하여 석문의 표기를 간략화한 곳도 있다.

*・ 목간의 앞뒤에 문자가 있는 경우 그 구별을 나타낸다. 이 책에서는 특히 (앞)(뒤)로 병기하였다.

*「 」목간의 상단 및 하단이 원형을 알아볼 수 있는 것을 나타낸다(단은 나이테방향의 상하양단을 말한다)

*∨ 목간의 상단・하단 등에 절입부가 있는 것을 나타낸다.

*″ ″ 말소된 문자지만 자획이 분명한 경우에 한해 원글자의 좌방에 붙인다.

*○ 천공이 있는 것을 나타낸다.

*□□□ 결손문자 가운데 글자수를 확인할 수 있는 것.

*[   ] 결손문자 가운데 글자수를 헤아릴 수 없는 것.

*× 전후에 문자가 이어지는 것이 내용상 추정되지만 절손 등에 의해 문자가 상실된 것.

*『 』이필, 추필

*〔 〕보고서 등에서 교정에 관한 주석으로 본문에 대체할 문자를 포함한 것. 원칙으로 문자의 우방에 붙인다.

*( ) 앞에서 열거한 이외의 교정주석 및 설명주석.

*? 보고서 등의 편자가 의문이 남는다고 한 것.

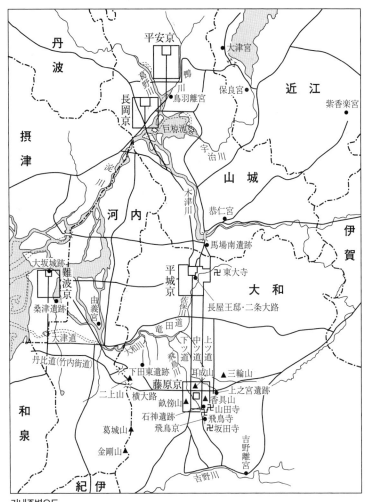

기내주변요도

17

일본 구국명 지도

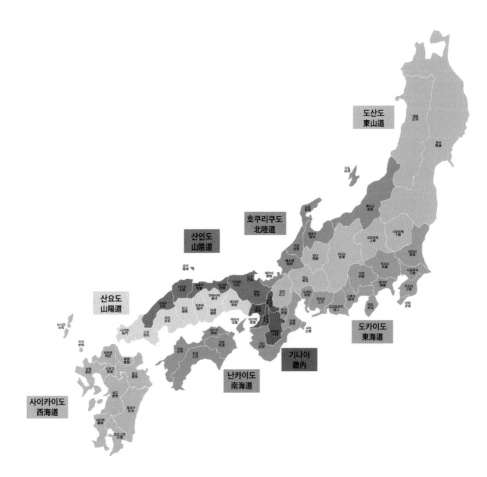

도산도
東山道

호쿠리쿠도
北陸道

산인도
山陰道

산요도
山陽道

기나이
畿內

도카이도
東海道

난카이도
南海道

사이카이도
西海道

일본 현명 지도

본서에 등장하는 주요 목간 출토유적 [그림]

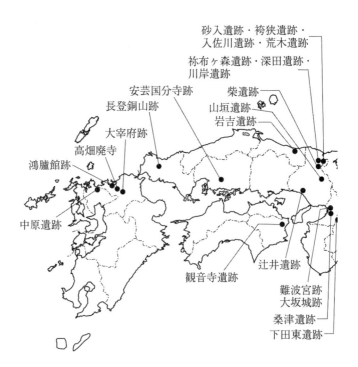

砂入遺跡・袴狭遺跡・
入佐川遺跡・荒木遺跡

祢布ヶ森遺跡・深田遺跡・
川岸遺跡

安芸国分寺跡
柴遺跡

長登銅山跡
山垣遺跡
岩吉遺跡

大宰府跡

高畑廃寺

鴻臚館跡

中原遺跡

辻井遺跡

観音寺遺跡

難波宮跡
大坂城跡

桑津遺跡
下田東遺跡

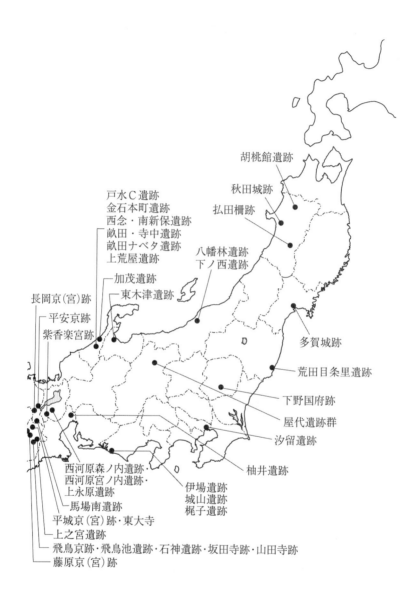

胡桃館遺跡

秋田城跡

払田柵跡

戸水C遺跡
金石本町遺跡
西念・南新保遺跡
畝田・寺中遺跡
畝田ナベタ遺跡
上荒屋遺跡

八幡林遺跡
下ノ西遺跡

加茂遺跡

東木津遺跡

長岡京(宮)跡

平安京跡
紫香楽宮跡

多賀城跡

荒田目条里遺跡

下野国府跡

屋代遺跡群

汐留遺跡

柚井遺跡

西河原森ノ内遺跡
西河原宮ノ内遺跡・
上永原遺跡

馬場南遺跡

平城京(宮)跡・東大寺

上之宮遺跡

飛鳥京跡・飛鳥池遺跡・石神遺跡・坂田寺跡・山田寺跡

藤原京(宮)跡

伊場遺跡
城山遺跡
梶子遺跡

21

제1장

목간은 말한다
- 연구의 발자취

목간은 말한다
- 연구의 발자취

와다 아쓰무(和田 萃)

1. 목간 연구의 시작

목간의 발견

1961년 1월 24일 오후 2시경 헤이조큐(平城宮) 터 제5차 발굴조사 현장(대선직(大膳職) 추정지) 흙물 속에서 목간 40점이 출토되었다. 일본에서 최초로 목간이 발견된 것이다.

세계적으로 보면 20세기 초에 헤딘(Sven Anders Hedin)이나 스타인(Aurel Stein) 등이 중국 서역 다림하반(河畔), 니야(尼雅) 유적, 돈황(敦煌)·루란(樓蘭) 등지에서 중국 한·진(漢·晉)대 간독(簡牘. 목간) 약 1200여점을 발견하였다. 1930년에는 헤딘이나 베리만(Folke Bergman)등이 거연(居延)에서 약 1만 점이나 되는 한간(漢簡)을 발견하기도 했다. 그것들은 다 건조지역에 있는 유적에서 출토되었고 자연 건조된 상태로 발견되었다. 일본 목간이 자연 수로나 도랑, 토갱(쓰레기를 버리는 구덩이) 등에서 출토되는 것과는 사뭇 다르다.

그런데 일본에서는 발견 직후부터 '목간(木簡)'이라는 용어를 사용하고 있다. 중국에서는 그 동안 '간독(簡牘)'이라는 용어를 써 왔는데 요즘 들어 보고서에 '목간'이라 쓰는 경우도 있다. 목간학회 발족 이후 1980년대 들어 일본에서도 1945년 이전에 미에현(三重縣) 다도정(多度町)(현 구와나시(桑名市))의 유이(柚井)유적에서 1점, 아키타현(秋田縣) 홋타노사쿠(拂田柵)에서 2점의 목간이 출토되었다는 게 확인되었다.

목간은 근래 잘 알려지게 되었다. 목간에 관심을 가진 사람도 많아졌다.

전국 각지의 유적에서 실시되는 발굴 조사에서 확인된 자연 수로나 도랑, 우물, 토갱 등에서 수많은 나무 조각이 흙투성이 혹은 점토에 밀폐된 상태로 출토된다. 그것을 현장 정리실로 가져가 물을 채운 배트에 넣고 붓으로 조금씩 흙을 씻어낸다. 이러한 작업은 발굴 담당자나 연구자가 할 때도 있지만 끈기가 필요하고 면밀하고 정중함이 필요한 작업은 정리 작업에 종사하는 학생이나 여성들이 하는 경우가 많다. 작업하다 묵서를 발견해서 목간인 것을 알아냈을 때의 기쁨은 무엇보다도 크다고 한다.

대량 출토

목간을 널리 알리게 된 계기는 1988년 나가야왕가(長屋王家) 목간 발견이었다고 생각된다(자세한 건 토픽3 참조). 나라시청(奈良市廳)(나라시(奈良市) 니조오지미나미1초메(二條大路南1丁目)) 서쪽(헤이조쿄(平城京) 좌경(左京)3조2방)에 백화점 건설이 결정되고, 그 전에 나라국립문화재연구소(奈良國立文化財硏究所. 현재는 개칭되어 나라문화재연구소(奈良文化財硏究所))에서 발굴조사를 실시했더니 우물이나 쓰레기를 버리기 위한 도랑 형태의 토갱에서 약 3만5000점이나 되는 목간이 무더기로 출토되었다.

그 중에는 '長屋親王宮'이라고 적힌 게 있어 비극적인 죽음을 당한 좌대신(左大臣) 나가야왕(長屋王) 저택인 게 밝혀졌다. 나가야왕(長屋王)은 '임신의 난(壬申의 亂)'의 영웅, 다케치(高市) 황자(덴무(天武) 천황의 맏아들)의 아들이자 어머니는 미나배(御名部) 황녀(덴지(天智) 천황의 딸). 나라(奈良)시대 정사인 『續日本紀』에는 '나가야왕(長屋王)'으로 보이지만 출토된 목간에는 '나가야친왕(長屋親王)'으로 적혀 있었다. 친왕은 천황의 황자를 가리킨다. 그런 까닭에 나가야왕가(長屋王家)에서 대량으로 출토된 목간은 크게 보도되면서 '목간'이 널리 알려지게 된 것이다. 그때까지는 목간을 설명할 때는 반드시 고분 석실 안에서 발견되는 '목관(木棺)'이 아니라 나무 조각에 묵으로 글씨를 쓴 것이라고 설명을 붙여야 했다(※옮긴이: 일본어로는 목간과 목관의 발음이 구별되지 않는다). 목간 연구자로서 격세지감을 느낀다.

지금까지 전국에서 출토된 목간의 총수는 약 37만 점에 이른다.

목간이 출토되기 전의 일본 고대사 연구는 『古事記』, 『日本書紀』를 비롯한 육국사(六國史 옮긴이: 『日本書紀』부터 『日本三代實錄』에 이르는 일본 고대 6가지 정사의 총칭), 율령 세칙을 기록한 『延喜式』, 쇼소인(正倉院) 문서 등을 중심으로 『風土記』나 『萬葉集』 헤이안(平安) 초기 설화

집인 『日本靈異記』 등으로 진행되었다. 중세사나 근세사 분야는 사서와 함께 방대한 문서류에 바탕을 두어 연구되었다. 그에 비해 고대사 분야에서 참조할 수 있는 게 한정된 사료밖에 없어서 고고학이나 역사지리학 등의 성과도 원용하면서 연구가 진행된 경우가 있다.

목간은 발굴조사로 출토되는 '1차자료'이며 그 점이 가장 큰 가치가 있다. 비유하자면 나는 '목간은 영수증과 비슷하다'라고 자주 말한다. 미야모토 노부코(宮本 信子)가 주연한 영화 <마르사의 여자>(1987년)에서 주인공인 여자 국세사찰관이 피의자 집 앞 쓰레기통에 버려진 영수증을 수습해서 탈세를 들춰냈다. 그 영수증에 해당하는 게 목간이라 할 수 있다. 목간은 당시 모든 계층의 사람들이 활동하고 생활하는 모습을 생생하게 이야기해 주는 것이다.

나가야왕가(長屋王家) 목간과 인접한 이조대로(二條大路)에서 출토된 목간은 합쳐서 약 11만 점에 이른다. 이들 목간의 분석을 통해서 사서에서는 알 수 없었던 나가야왕가(長屋王家)의 가정기관(家政機關)이나 그 실태, 나가야왕가(長屋王家) 터를 다시 이용한 고묘(光明) 황후의 황후궁, 이조대로(二條大路) 북쪽의 후지와라노아손마로(藤原朝臣麻呂) 저택에 관한 여러 사실 들이 밝혀져 나라(奈良)시대사 연구가 크게 진전되었다.

2. 물질로서 목간

목간학회의 활동

위에서 말했듯이 목간은 널리 일반인에게도 알려지게 되었다. 그런데 목간 자체를 연구 대상으로 해서 석독(釋讀. 적혀 있는 글자를 확정하는 것)하거나 역사적 배경을 규명하고, 더 나아가 목간을 보존하는 방법 등을 추진하는 목간학회에 대해서는 잘 알려지지 않았다.

1979년에 설립된 목간학회는 목간을 연구 대상으로 하는 학회인 만큼 회원은 목간에 관심을 둔 고대사, 중세사, 고고학, 국어학 등 연구자가 중심이며, 기타 보존과학 연구자도 있다.

매년 12월 첫째 주 토요일과 일요일에 나라문화재연구소(奈良文化財研究所)에서 총회와 연구집회가 열린다. 그해에 각지에서 출토된 목간 중 특히 주목되는 내용을 가진 목간이 발표회장에 다수 전시된다. 매년 회원 백수십 명이 참가해서 물을 채운 배트 안에 놓인 목간을 각자 자세히 관찰해서 판독한다.

그리고 조사기관이 제시한 석문(釋文. 목간에 적힌 글자, 문장)을 참조하면서 실제로 목간에 있는 글자를 확인한다. 다른 판독이 가능할 경우는 그 자리에서 혹은 토론 시간에 서로 의논한다. 발굴담당자나 목간을 처음에 석독한 사람들의 설명도 있으니 출토 상황이나 출토된 당시의 관찰 소견 등을 질문할 수 있어서 매우 뜻 깊은 자리다.

목간연구의 출발점

목간학회 설립의 의의와도 깊이 관련된 것인데 목간을 대상으로 한 연구의 안목은 어디에 있을까. 또 유의해야 할 점이나 앞으로 문제점으로 어떤 게 있을까. 목간학회 학회지인『木簡研究』창간호에 초대 회장 기시 도시오(岸俊男) 씨의 '창간사'가 실려 있다. 목간학회 설립의 의의와 함께 목간연구의 바람직한 자세가 적확하게 지적되어 있어서 지금으로서도 의미가 깊은 목간연구의 출발점이라고 할 수 있다. 좀 길지만 인용해본다.

...일본 목간은 대부분이 지하에서 폐기된 상태로 출토된다. 이 점 전세·보존된 종이 문서·기록과 크게 다른 점이며 거기에 또 일본 출토 목간의 사료로서의 특성이 있다. 이 특성을 제대로 파악하고 사료로 활용하기 위해서는 목간의 정확한 석독만이 아니라 무엇보다도 목간의 출토 상황이나 함께 출토된 유물에 대한 자세하고 적확한 관찰과 기록이 필요하고 그것들이 제대로 되었느냐 아니냐가 목간의 생사를 좌우한다고 해도 과언이 아닐 것이다. 또 출토된 목간의 상태는 그대로 유지·보존하기가 어려우니, 목간연구가 발굴조사를 담당하는 사람들과 긴밀하게 연계해야 하는 이유가 있는 것이다.

여기서는 목간의 특성을 '1차 자료'로 규정하고 목간연구자에 의한 정확한 석독과 발굴담당자에 의한 출토상황 등에 대한 적당하고 정확한 관찰과 기록이 필요하며, 목간 보존에도 양자에 의한 긴밀한 연계가 필요하다고 말하고 있다.

　또 사료로서 목간의 가치를 높이기 위해서는 단순히 거기에 적혀 있는 글자만이 아니라 그 형태, 재질 등 물질에 기반을 둔 정밀한 고찰이 불가결하고, 그것을 위해서는 영구보존이 요구된다. 하지만 대부분의 출토 목간은 오랫동안 흙 속에 있으면서 수분을 다량 포함한 상태라서 보존처리하는데 특수한 기술이 필요하고, 이것도 보존과학에 종사하는 분들의 도움이 필요하다. 그리고 전국 각지에서 발굴조사가 진전된 결과 목간 출토지는 확대되고 출토수가 늘어나서 발굴 조사자가 서로 정보를 교환하거나 연구자 개인이 정보를 수집하는 게 점점 어려워지고 있다. 그래서 목간의 사료로서의 정확성과 학계에서의 활용을 기하기 위해서는 조급히 어떤 방책이 필요하다는 생각에 이르렀다.

위에서 인용한 부분에서 특히 중요한 건 목간에 적힌 글자만이 아니라 형태나 재질 등 목간 자체에 대한 고찰이 불가결하며 그러기 위해서는 목간의 보존처리 기술의 향상이 필요하다는 지적이다.
이 '창간사'는 목간학회가 발족하여 30년 이상이 지난 지금도 그 가치는 여전히 크다. 목간연구의 출발점이 제대로 서술되어 있기 때문일 것이다. 다시 읽을 때마다 목간학회 발족 당시의 참신하고 열기에 찬 분위기가 생각난다.

고고학적인 눈

'창간사'에 보이는 기시 도시오(岸俊男) 씨의 고고학적인 감성에 관해서는 몇 가지 생각나는 게 있다.

1966년 1월 하순 후지와라큐(藤原宮) 터에서 목간이 잇따라 출토되기 시작했다. 나라현(奈良縣) 교육위원회에 의한 후지와라큐(藤原宮) 터 발굴조사는 전년 11월 중순부터 다이고지(醍醐寺. 가시하라시(橿原市) 다이고정(醍醐町)에 있음) 북방 지역에서 시작되었다. 그 단서가 된 건 국도 165호선 가시하라 우회로가 특별사적 후지와라큐(藤原宮) 터 북쪽에 계획된 것이었다.

1934년부터 1943년에 걸쳐 실시된 일본고문화연구소(日本古文化研究所)에 의한 발굴조사로 가모노 마부치(賀茂眞淵 1697~1769년)가 『萬葉考』에서 지적한 '오오미야도단(大宮土壇)'이 후지와라큐(藤原宮) 대극전(大極殿)인 것을 밝히고, 그 남쪽에서 12조당원(朝堂院)과 동서 조집전(朝集殿)을 확인했다. 헤이조큐(平城宮) 터 발굴조사로 대극전(大極殿) 북쪽에 내리(內裏)가 있다는 게 밝혀졌기 때문에 당연히 다이고지(醍醐寺) 북방에 내리(內裏)가 있을 것으로 추정되었다. 거기에 국도 우회로를 부설하려는 계획이 생긴 것이다.

그래서 후지와라큐(藤原宮) 터 조사지도위원회가 설치되어 그 지도하에 발굴조사가 시작되었다. 조사담당자는 나라현립(奈良縣立) 가시하라고고학연구소(橿原考古學硏究所, 이하 가시고연)의 다테 무네야수(伊達宗泰) 씨, 역사학 담당은 기시 도시오(岸俊男) 씨(당시 교토대학 문학부 조교수, 가시고연 소원. 이하 경칭 생략)이며 기시 도시오(岸俊男)는 학부,

대학원을 통한 은사였다.

약간의 개인적인 추억도 언급하면서 서술해 나가려 한다. 목간이 후지와라큐(藤原宮) 터에서 출토되기 시작했을 때 난 이미 대학원 진학이 결정되었다. 자세한 사정은 모르지만, 조사원으로 채용되어 기시 씨의 보조로 목간의 석독과 정리에 종사하게 되었다. 자택이 있는 다와라모토(田原本)에서 가시고연까지는 긴테쓰(近鐵)전철을 이용해서 30분 정도. 그 후 3년간 뻔질나게 다녔다. 특히 1968년도는 대학분쟁 때문에 1년간 수업이 없어서 기시 밑에서 목간의 석독과 정리, 조사 개보와 보고서의 작성, 또 긴급 과제가 된 후지와라큐(藤原宮) 궁역 확정을 위해 가시하라시(橿原市) 시내나 아스카촌(飛鳥村) 답사에 몰두했다. 그리고 집에 들어온 후에 석사논문 「모가리(殯)의 기초적 고찰」을 쓴 게 선명하게 생각이 난다.

당시를 생각해 보니 위에서 언급한 '창간사' 배경을 잘 이해할 수 있다. 가시고연에서 목간 석독과 정리에 종사하기 시작했을 때 발굴현장에 동행한 적이 있다. 놀랍게도 현장에서 기시는 작은 삽을 들고 '벽(유구 단면)'을 닦아서 층위를 보는 법을 가르쳐 줬다. 그때는 몰랐지만, 후에 기시한테는 발굴조사 경험이 있었을 것으로 생각하게 되었다. 지금도 고대사 연구자 중에 발굴조사를 경험한 사람은 드물다. 어느 날 당시 고등학생이었던 기시의 아들이 가시고연에 물건을 가져온 적이 있다. 그때 기시는 '중학생 때(舊制 나라중학교) 나도 아버님한테 물건을 가져간 적이 있다'고 했다. 기시의 아버지는 건축학자 기시 구마키치(岸熊吉)이며, 호류지(法隆寺) 오층탑 심초 조사나 일본고문화연구소에 의한 후지와라큐(藤原宮) 터 발굴을 아다치 고(足立康)와 함께 했다. 나라중학교 학생이었을 때 후지와라큐(藤原宮) 터 발굴 현장에서 작업에 참여한 게 아닐까 생각된다. 상술한 '창간사'에는 고고학적인 '눈'이 있다. 어느 날 목간을 석독하고 있던 기시가 '이 목간을 쓴 사람은 좌우 어느 쪽 손에 목간을 들었을까?'라고 물었다. 나는 그 뜻을 이해하지 못했지만, 후일 기시가 그 목간을 쓴 사람을 왼손잡이로 보고 있었다는 것을 깨달았다. 실로 소름 돋는 일이었다.

1969년 3월에 나라현(奈良縣) 교육위원회에서 간행된 본 보고서 『藤原宮』에는 목간 형태 가공 나무 조각의 항목이 있다. 그것들에 묵서는 없지만, 목간과 비슷한 형태이며 상·하단을 다 뾰족하게 잘라냈고 가로세로의 비율이나 재질도 노송나무로 공통된다. 기시의 지시로 상·하단이 완전한 가공 나무 조각 640점, 양쪽 변이 완전한 1317점을 계측했다. 그 분석은 보고서에 자세히 실려 있는데, '글자가 없어도 상하 길이를 통해 당시 1척이 몇 cm였는지 알 수 있다'고 말한 것을 선명하게 기억하고 있다. 기시의 '유물을 보는 눈'에 놀랐다. 발굴조사로 출토된 목간 형태인 나무 조각의 점수는 출토된 목간 총수(2100여 점)의 수십 배에 이르지만 기시의 지시로 다 가시고연 수장고에 보관되어 있어 언제든지 이용할 수 있다. 목간 보존법 등 연구에 활용해 줬으면 하는 생각이다.

목간을 읽는다

목간을 읽는 건 실로 재미있다. 기시의 조수로 후지와라큐(藤原宮) 터 출토 목간의 석독에 종사한 것이 계기가 되어 이후 아스카쿄(飛鳥京) 터, 히에다(稗田) 유적, 도쇼다이지(唐招提寺) 강당 지하 등에서 출토된 목간을 읽었다. 기시가 돌아가신 후에는 혼자서 도다이지(東大寺) 대불전(大佛殿) 서회랑 서쪽에서 출토된 '대불목간'이나 고후쿠지(興福寺) 경내에서 출토된 일본 최고의 장기 말, 근세 순례찰(巡禮札), 도다이지(東大寺) 산샤이케(三社池)에서 출토된 중세 소토바(卒塔婆) 등 각종 목간을 석독했다. 이 16년간은 가시고연 쓰루미 야수토시(鶴見泰寿) 씨와 둘이서, 또 근년에 아스카쿄(飛鳥京) 터 원지(苑池) 출토 목간 이후에는 나라대학교 도노 하루유키(東野治之) 씨도 참가하여 셋이서 판독에 종사하였다.

한편 이 10여 년은 도쿠시마시(德島市) 간논지(觀音寺) 유적에서 출토된 목간을 혼자 석독하였다. 목간을 석독하는 건 나에겐 무엇보다 재미있는 일이다. 발굴 현장에서 가져온 목간을 물을 채운 배트로 옮겨 각종 붓으로 신중하고 섬세하게 흙을 씻어낸다. 자갈이 들어박혔을 때는 송곳으로 빼낸다. 물속에서 목간의 각도를 바꿔 보고 혹은 빛의 각도, 명도를 조절하면서 때로는 배트에서 꺼내서 조금 말려 보기도 한다. 완전한 형태로 남은 목간은 드물다. 대부분 부스러졌거나 칼로 쪼개져 있다. 표면도 부식해서 묵흔이 희미해져 묵흔을 따라가기가 쉽지 않다. 초등학생 때 절에서 서예를 배웠기 때문에 그 경험을 살려서 붓의 움직임을 추정한다. 그렇게 해 보면 어느 순간 운필

(運筆)을 알아내고 『五體字類』로 글자를 확인하고 확정시킨다. 이틀, 사흘 공을 들여도 읽을 수 없는 것도 있고, 바로 읽을 수 있는 것도 있다. 다행히 나는 지금도 맨눈으로 작업을 할 수 있어서 이틀, 사흘 작업을 계속해도 싫증나지 않는다. 문자가 확정되면 다음은 그 글자, 문장(석문)의 역사적 배경을 고찰하는 작업을 시작한다. 이 또한 즐겁고도 힘든 작업이다.

3 목간을 통해 알 수 있는 것

다양한 목간

아스카(飛鳥) 이시가미(石神) 유적이나 아스카쿄(飛鳥京) 터, 후지와라큐(藤原宮) 터, 헤이조큐(平城宮) 터 등에서 출토되는 목간은 주목할 만한 내용이 많고 크게 보도되었다. 그래서 목간이라고 하면 고대의 것으로 여기는 사람이 많은 것 같다.

그런데 그렇지만은 않다. 목간학회는 각지의 유적에서 발굴조사로 출토된 나무 조각에 묵서가 있으면 시대를 불문하고 다 목간으로 간주해서 학회지 『木簡研究』에 보고하고 있다. 이른바 목간 형태 이외에도 판자형, 마게모노(曲物:노송나무 등 얇은 판을 구부려 만든 용기)의 밑바닥 등에 묵서가 있으면 그것도 목간으로 보고한다. 따라서 소토바, 고케라쿄(柿經:길고 얇은 판에 경문을 쓴 것), 간판 등 목제품에 먹으로 글자가 적혀 있으면 다 목간으로 규정하고 있다.

목간학회에서 이러한 방침을 채택한 이유는 위에서 예로 든 것들은 중세사나 근세사, 근현대사 연구에서 거의 주목하지 않고 있어서 어느 조직이 적극적으로 수집, 기록하지 않는다면 유실될 가능성이 있기 때문이다. 생각건대, 이들 분야에서는 방대한 사료나 문서류가 있어서 그럴 것이다. 이미 말했듯이 목간은 '1차 자료'이며 각 시대 연구에서 활용되어야 할 것이다.

새로운 목간 사례

본서 주제는 고대이지만 목간은 고대에만 한정되는 게 아니며 중세, 근세 그리고 근현대 유구에서도 출토된다. 독자가 관심을 가질 만한 목간을 소개해 보자.

시가현(滋賀縣) 야수군(野洲郡) 야수정(野洲町) (현 야수시(野洲市)) 가미나가하라(上永原) 유적에서 1981년 4월에 가부키(歌舞伎) '주신구라(忠臣藏)' 제5단 야마자키가도(山崎街道)의 장면을 보여주는 흥미로운 목간이 출토되었다. 유적지는 JR야수(野洲)역에서 북동쪽으로 2.5km이다. 초등학교 풀장 건설에 앞선 발굴조사로 헤이안(平安)시대 말부터 에도(江戸)시대에 이르는 각 시대 유구가 확인되었다. 사사키겐지(佐々木源氏)에 인연이 있는 나가하라(永原) 씨의 중세 거점, 가미나가하라죠(上永原城) 수로에 인접한 얕은 웅덩이 같은 유구에서 출토된 목간이다(『木簡研究』, 제7호, 1985년).

목간에 적혀 있는 '千崎弥□郎'은 센자키 야고로(千崎弥五郎), '鐵□'은 鐵砲, '□九郎'은 (오노) 사다쿠로((斧)定九郎), '□□勘平'은 하야

노 간페이(早野勘平)를 가리킨다. 야마자키가도(山崎街道)에서 갓을 쓰고 조총을 든 하야노 간페이(早野勘平)의 모습을 방불케 한다. 뒷면의 '播州□□'는 '播州小屋'로 읽을 수 있어 지금도 농촌 가부키가 성행하는 반슈(효고현(兵庫縣) 남부)에서 흥행하는 일행이 여기까지 와서 배포한 상연 목록이나 히키후다(引札:광고지) 같은 것으로 생각된다.

1986년에는 오사카시(大阪市) 중앙구(中央區) 도슈마치(道修町) 1초메(町目)에서 도요토미(豊臣) 후기부터 도쿠가와(德川) 초기 오사카 어시장터가 확인되었고, 많은 토갱에서 314점이나 되는 목간이 출토되었다. 대부분은 바닷물고기의 하찰 목간이며 가게 이름을 뜻하는 기호, 'いわし(정어리)' 'あち(전갱이)' 'さは(고등어)' 'むろ(갈고등어)' 등 물고기 이름, 그리고 수신자였다. 목간은 많은 물고기 뼈, 비늘과 같이 출토되었다. 상단에 홈이 있고 하단을 뾰족하게 만들었다. 두께는 0.5cm 정도가 많다(『木簡硏究』, 제9호, 1987년). 근년까지 생선가게에서는 얇은 판에 물고기 이름이나 값을 적어 사용했다. 그것도 고대 이래 목간의 전통을 이은 것이라고 할 수 있다.

1872년 9월에 신바시(新橋)와 요코하마(橫濱)를 잇는 일본 최초의 철도가 개통되었다. 옛 신바시(新橋)역은 구 국철 시오도메(汐留)화물역 터(도쿄도(東京都) 미나토구(港區) 히가시신바시(東新橋) 1초메(1丁目))에 있었는데 1994, 95년에 구획정리사업에 의한 발굴조사가 있었다. 그 결과 조몬(繩文)시대, 에도(江戶)시대, 근대 유구가 확인되어 시오도메(汐留) 유적으로 이름 붙였다. 근대 유구층에서 메이지(明治)시대 하찰 목간이 출토되었다. 예를 들면 '橫濱元町西/パピー様方行/

十一月十四日出　鈴木市□□'라고 쓴 게 있어 흥미롭다(『木簡研究』,
제21호, 1999년).

내가 아는 범위에서 가장 최근의 목간은 도쿠시마시(德島市) 간논
지(觀音寺) 유적 발굴조사에서 출토된 것이며 '이노치후다(命札)'라고
부르는 것이다. 초등학교 수영 수업 때 아동들 목에 걸린 명찰이며
수업이 끝나면 교원이 정해진 자리에 명찰이 반납되었는지를 확인한
다. 명찰에는 앞면에 '国府小三　かんおんじ/□□昭代', 뒷면에 '国
府小かんおんじ/□□'라고 적혀 있다. 쇼와(昭和) 30년대(1955~65년)
목간이다. 명찰은 학생들이 쓴 것이고 지금도 건강하게 살고 계신다
고 한다. 성은 한자 2자, 뒷면은 성만을 히라가나로 적혀 있지만 □□
로 했다. 'かんおんじ'는 간논지(觀音寺) 취락을 뜻한다(도쿠시마현(德島
縣) 매장문화재센터, 『觀音寺遺蹟4 第3分冊 木簡編』, 2008년).

이상으로 독자들의 관심을 끌 만한 목간을 소개해봤다. 다시 말하
지만, 목간은 고대의 것만이 아니다. 목간학회는 고대부터 근현대에
이르는 출토 목간을 각 연도의 『木簡研究』에 소개하고 있다. 목간이
가지는 의의나 매력, 즐거움을 조금이라도 이해하여 주었으면 한다.

궁도(宮都)목간과 지방목간

그런데 이러한 후대 목간이 있다고는 해도 출토된 목간의 대부분
은 고대 목간이며 비교하면 중세, 근세 목간은 많지 않다. 중세 목간
의 대부분은 주부(呪符:주술에 사용하는 목찰)나 고케라쿄이고 근세목간
은 조카마치(城下町 ※옮긴이: 성을 중심으로 형성된 도시)나 에도한테이

(江戶藩邸 ※옮긴이: 지방 영주가 에도에 둔 저택) 등의 발굴조사에서 출토되는 게 많다.

고대목간은 대부분 7세기 후반부터 9세기 초까지의 것들이고, 출토된 지역도 궁도(宮都)목간과 지방목간으로 구분할 수 있다. 궁도목간은 도성 안의 여러 관청이나 경에 있는 신하의 저택 등에서 간략한 문서·기록 등에 사용된 목간을 비롯해 전국에서 궁도로 공진(貢進)된 조용물(租庸物)이나 오오니에·미니에(大贄·御贄:천황이나 신들에게 바치는 특산품. 주로 해산물) 등에 매달린 부찰 목간이 주된 내용이다.

궁도목간이 출토된 주요한 유적을 열거해 보자. (17쪽 지도 참조) 전기 나니와큐(難波宮) 터, 아스카(飛鳥)와 그 주변 지역에서는 이시가미(石神) 유적, 아스카쿄(飛鳥京) 터, 아스카이케(飛鳥池)유적, 사카타데라(坂田寺) 터, 야마다데라(山田寺) 터 등이다. 후지와라큐(藤原宮) 터·후지와라쿄(藤原京) 터, 헤이조큐(平城宮) 터·헤이조쿄(平城京) 터, 시가라키큐(紫香樂宮) 터, 나가오카큐(長岡宮) 터·나가오카쿄(長岡京) 터, 헤이안쿄(平安京) 터 등이다. 그 중에서도 후지와라큐(藤原宮) 터, 헤이조큐(平城宮) 터, 헤이조쿄(平城京) 터의 나가야왕(長屋王) 저택·이조대로(二條大路)에서 출토된 목간의 수량은 방대하고 기재 내용도 다양하다.

지방목간은 다자이후(大宰府) 터나 다가조(多賀城) 터, 각 국의 국부(國府)·군가(郡家)·리가(里家)나 역가(驛家)로 추정되는 유적에서 출토된 목간이다. 지방목간 중에서 특히 풍부한 내용을 가지는 목간이 출토된 유적은 다음과 같다. 시모쓰케국부(下野國府) 터(도치기현(栃木縣) 도치기시(栃木市)), 앗타메조리(荒田目條里) 유적(후쿠시마현(福島縣) 이와키

시), 이바(伊場) 유적(시즈오카현(静岡縣) 하마마
쓰시(濱松市)), 하치만바야시(八幡林) 유적(니이
가타현(新潟縣) 나가오카시(長岡市)), 야시로(屋代)
유적군(나가노현(長野縣) 지쿠마시(千曲市)), 니
시가와라모리노우치(西河原森ノ内) 유적(시가
현(滋賀縣) 야수시(野洲市)), 야마가키(山垣) 유적
(효고현(兵庫縣) 단바시(丹波市)), 하카자(袴狭) 유
적(효고현(兵庫縣) 도요오카시(豊岡市)), 나가노보
리동산(長登銅山) 터(야마구치현(山口縣) 미네시
(美祢市) 미토정(美東町)), 간논지(觀音寺) 유적(도
쿠시마현(德島縣) 도쿠시마시(德島市)) 등이다.

목간이 없었다면 알 수 없었다

내용적으로 주목되는 게 7세기 후반의 목
간이다. 1967년에 후지와라큐(藤原宮) 터에서
출토된 '己亥(699)年十月上挾國阿波評松里'
라고 적혀 있는 목간(그림1)으로 지방 행정 조
직의 '郡'이 언제 성립되었느냐는 이른바 '郡
評論爭'이 한꺼번에 해결되었다. 『日本書紀』
에는 가령 '伊豫國風速郡'(持統10년 4월조)과
같이 7세기 후반의 덴무(天武)·지토(持統) 조
기사에 '-國 -郡'으로 보인다. 하지만 위 목간

그림1. 후지와라큐(藤原宮)
터 출토 목간. '阿波評'이
보인다.

을 통해 701(大寶원)년에 다이호령이 시행되기 전의 지방 행정조직은 '國-評-里'였으며 다이호령 시행 이후에 '國-郡-里'로 된 게 확실해졌다. 즉 『日本書紀』는 편찬된 나라(奈良)시대 초기의 지식으로 (『日本書紀』는 720(養老4)년 5월 21일에 주상(奏上)되었다) 다이호 이전 원사료에 손을 댄 것이어서 그대로 믿어서는 안되는 게 확실해졌다. 고대사연구에서 목간이 얼마나 중요한지 이 목간이 결정지었다고 할 수 있다.

또 아스카(飛鳥) 이시가미(石神) 유적에서는 '天皇'이라고 쓴 덴무(天武)조 목간도 출토되고 큰 화제가 되었다. 이는 덴무(天武)조에는 이미 '천황' 호칭이 성립되어 있었다는 것을 뜻한다. 또 이 이시가미(石神) 유적이나 아스카쿄(飛鳥京) 터에서 '-五十戶'라고 쓴 목간이 출토된다. 위에서 '국-평-리'라는 행정조직에 언급했는데 684(天武13)년경을 경계로 '사토'의 표기가 '-五十戶'에서 '-里'로 변화된 사실도 밝혀졌다. 7세기 후반 아스카 출토 목간은 앞으로 고대사 연구에서 가장 중요한 사료가 될 것이다.

『論語』를 쓴 목간

7세기 중엽의 목간은 극히 소수밖에 알려지지 않았다. 오사카시(大阪市) 전기 나니와큐(難波宮)의 하층유구나 구와쓰(桑津) 유적, 나라현(奈良縣) 사쿠라이시(櫻井市)의 야마다데라(山田寺) 터나 우에노미야(上之宮) 유적, 아스카촌(明日香村)의 사카타데라(坂田寺) 터, 도쿠시마시(德島市) 간논지(觀音寺) 유적에서 출토된 『論語』목간(그림2) 등이다.

이 중 간논지(觀音寺) 유적의 논어목간은 자연 수로에서 출토된 길이 65.3cm의 4각 기둥(하단은 파손되었다) 4면에서 같은 서체로 글자를 쓰고 좌측면에는 『論語』권1의 학이편 제1 권두 문장을 적었다. 고대 중국에서는 가늘고 긴 기둥형 목제품 4면에(6면, 8면 것도 있다)『孝經』이나 『論語』등의 문장을 적은 고(觚)가 있어 자구를 암기하기 위해서 사용하거나 습자할 본보기로 했다. 『論語』목간도 고일 가능성이 크다. 『論語』목간이 출토된 층의 하층에서도 목제 제사 용구가 출토된 것으로 봐서 사용된 시기는 7세기 2분기 무렵까지 올라갈 가능성이 크다. 아와코쿠조(粟國造) 저택 안에서 사용된 것으로 추측된다. 한국의 김해 봉황동유적에서도 2001년에 4면에『論語』권3 공야장편 제5를 해서로 쓴 목간(고에 해당한다)이 출토되었다. 상·하단이 파손되었고 4면을 합쳐서 53~57자를 확인할 수 있다. 6~7, 8세기 유물을 포함한 유구라서 간논지(觀音寺) 유적 출토『論語』목간과의 선후관계는 미상이다.

간논지(觀音寺) 유적은 아쿠이가와(鮎喰川) 옛 물길에 소재하며 지금도 자연 용수가 많아 7세기 2분기~10세기 초경의 목간 221점이

그림2. 간논지(觀音寺) 유적 출토 논어목간(부분)

출토되었다. 자연 수로 안의 하층에서는 6세기 말까지 올라가는 목제 제사구가 다수 출토되었고 대형 건축 부재 또한 상당량 출토되었다. 간논지(觀音寺) 유적은 아와국부(粟國府) 서쪽 가장자리에 위치하는데 목간의 기재 내용으로 봐서 부근에 7세기 중엽 즈음 나카타평아(名方評衙. 나카타고오리의 관청)가 설치되었던 게 확실시된다. 동남의 기노배야마(氣延山) 기슭에서 아와코쿠조비(粟(阿波)國造碑)가 출토되었으니 간논지(觀音寺) 유적까지 이르는 일대가 아와코쿠조(粟國造)의 본거지였던 것이고, 아마 아와코쿠조(粟國造) 거관이 나카타평아(名方評衙)가 된 것으로 추정된다.

앞으로의 과제

이 『論語』 목간 사례에도 해당하는 바, 향후 목간연구의 과제로 우선 거론해야하는 게 한국 목간과 비교연구를 해야 할 것이다(제4장 참조). 이미 한일 연구자가 연구를 시작했는데 더 넓은 범위에서 장기적으로 진행할 필요가 있다. 그건 단순히 목간의 계수(繼受)에 그치지 않고 고대 중국이나 한반도 여러 나라에서의 문화 전파와 수용과도 깊은 관련이 있다.

둘째로 목간학회 발족 당시부터의 연구과제인 '나무와 종이' 즉 목간과 종이 문서와의 관련을 더 깊이 총합적으로 검토할 필요가 있다고 생각한다. 중국, 한국의 '나무와 종이'를 시야에 넣는 건 물론이다.

예컨대 궁도목간으로는 헤이안쿄(平安京) 터 출토 목간이 적다. 이는 헤이안쿄(平安京) 터가 중세·근세를 거쳐 현대 교토(京都) 시가지에 이르기 때문에 헤이안쿄(平安京) 터 유구가 삭평되어 버려 남아 있는 경우가 적은 것에 기인한다고 생각된다. 하지만 좀 시각을 달리해 본다면 헤이안쿄(平安京) 북교인 기타노(北野)의 가미야가와(紙屋川)를 따라 주쇼료(圖書寮)의 부속기관인 가미야인(紙屋院)이 있었고, 여기서 연간 종이 2만 장을 생산해서 내장료(內藏寮)에 납입하고 여러 관청에 분배했다. 나라(奈良)시대에도 종이를 만들었겠지만 헤이안(平安)시대에 들어서 비약적으로 생산량이 늘어났다고 볼 수 있다. 종이의 보급이 목간의 사용을 적게 해서 부찰 등 한정된 용도에만 사용되었다고 추측된다.

한편 나라(奈良)시대에는 쇼소인(正倉院)문서에 보듯 보관기한이 지난 호적이나 계장 등 공문서가 팔려 그 뒷면을 이용해서 장부 등으로 적었다. 헤이조큐(平城宮)·헤이조쿄(平城京) 안에서도 종이는 아직 여유 있게 사용할 수 있는 상황이 아니었다. 그런 것들이 궁도나 지방 관청에서 목간이 많이 사용된 배경이다. 하지만 7세기대에 비해 8세기대에는 목간의 용도가 점점 제한되기 시작한 게 주목된다. 701년 제정된 대보령(大寶令)에서는 전국에 내리는 공문과 5위 이상의 위기(位記:위계 수여를 증명하는 공문서)에 천황의 어새(御璽), 공문의 안(案:문서를 필사한 것)과 6위 이하 위기에는 외인(外印:태정관(太政官)의 공인)을 찍도록 규정했다. 養老 연간(717~724년)에는 사소한 일에 관한 문서 정문에도 외인을 찍게 되었다. 기타 각 성의 성인(省印)이나 지방에서는 국인(國印), 군인(郡印), 향인(鄕印) 등이 있었다. 그래서 공문서나 과소(過所:관문을 통과할 때 쓰는 수표)에 목간을 못 쓰게 된 것이다. 목간에

도장을 찍어도 쉽게 깎아낼 수 있다. 종이에 도장을 찍으면 쉽게 지워지지 않는다. 따라서 목간의 용도에서 자연스레 제약이 생겨 공문서 초안이나 용무의 간략한 내용, 관청에서의 기록, 메모 내용, 습서 등의 이용으로 한정되게 되었다. 오히려 목간이 가지는 특성, 견고하고 물에 젖어도 묵흔이 쉽게 없어지지 않는 것으로 공진물에 붙이는 부찰이나 길을 오가는 사람들한테 정보를 전하는 고지찰(告知札) 등은 나라(奈良)시대에도 많이 사용되었다. 그리고 '다양한 목간' '새로운 목간 사례'에서도 들었듯이 근세부터 근현대에 이르기까지 목간은 짐의 부찰이나 생선가게 정찰 그리고 현재 각 집 문패로서 명맥을 이어온 것이다.

마지막으로 제3의 과제로 한국목간과 비교·검토하기 위해서도 더 오래된 시기의 목간 출토가 기대된다. 자연 용수가 풍부한 지역에서는 목간이나 목제품이 좋은 상태로 남아있는 경우가 많다. 비와코(琵琶湖) 동안부, 간논지(觀音寺) 목간이 출토된 아쿠이가와(鮎喰川) 옛 물길 유역 등이 그 후보지다. 그리고 상술한 우에노미야(上之宮) 유적의 사례를 생각하면 6세기대 이와레(磐輿)의 땅(사쿠라이시(櫻井市) 서남부)에 여러 궁이 있었으니 이 지역에서 6세기까지 올라가는 목간이 출토될 가능성이 크다고 생각된다.

목간으로 『日本書紀』를 다시 읽는다

이치 히로키(市 大樹)

덴무(天武) 천황의 조(詔)

목간연구의 참맛 가운데 하나는 목간이 출토된 유적, 유구와의 관계 속에서 목간의 사료적 가치를 끌어내서 문헌 사료와 대응시키는 것을 통해 새로운 사실을 알아내는 것이다.

여기서는 다음에 인용하는 저명한 『日本書紀』 天武6(677)년 6월 是月条에 관해서 아스카이케(飛鳥池) 유적(나라현(奈良縣) 아스카촌(明日香村)) 출토 목간을 바탕으로 새로운 해석을 시도해 보고 싶다.

詔東漢直等日「汝等黨族之自本犯七不可也. 是以, 從小墾田御世至于近江朝 常以謀汝等爲事. 今當朕世 將責汝等不可之狀以隨犯應罪. 然頓不欲絶漢直之氏. 故降大恩以原之. 從今以後 若有犯者必入不赦之例」(덴무천황은 야마토노아야노아타히(東漢直) 등에게 조칙을 내려 '너희들 일족은 지금까지 7가지 악사를 범해왔다. 그래서 스이코(推古) 천황 치세 때부터 덴지(天智) 천황 치세 때까지 항상 너희들을 조종하는 것이 예이었다. 지금 짐의 치세가 되어 너희들의 나쁜 짓을 규탄하여 죄상으로 처벌하기 마땅하다. 그러나 급히 야마토노아야(東漢) 씨를 단절시키고 싶지는 않다. 그래서 큰 은혜로 죄를 용서하기로 한다. 다만 앞으로 만약 죄를 저지를 사람이 있다면 결코 사면하지 않겠다'라고 말씀하셨다)

예컨대 덴무(天武) 천황이 야마토노아야노아타히(東漢直)가 저지른 7가지 악사를 규탄하고 나서 최종적으로는 그 죄를 용서하겠다는 조칙이다. 7가지 악사가 무엇을 가리키는 것인지 구체적으로 언급되어 있지 않으나 그중 하나로 592년에 소가노우마코(蘇我馬子)의 명을 받은 야마토노아야노아타이코마(東漢直駒)가 수순(崇峻) 천황을 살해한 사건이 있었던 건 확실하다. 도래계 씨족인 야마토노아샤씨(東漢氏)는 그 후에도 소가씨(蘇我氏)의 충실한 신하로 활약하고 소가노에미시(蘇我蝦夷)·이루카(入鹿) 부자의 저택 경호로 일하거나 645년 '을사의 변'에서 이루카(入鹿)가 참살당했을 때 에미시(蝦夷)를 위해 나카노오오에(中大兄, 뒤의 덴지(天智) 천황)군과 싸우려고 했다.

소가(蘇我) 본가가 멸망한 지 약 30년 지난 677년 덴무(天武) 천황은 야마토노아야노아타히(東漢直) 등의 죄를 용서하기로 했다. 그 이유에 대해 덴무(天武) 천황 즉위의 계기가 된 '임신의 난'에 많은 야마토노아야씨(東漢氏) 일족이 참가해서 전공을 세운 것이나 도성을 오오미(近江)에서 아스카(飛鳥)로 다시 옮겼기 때문에 이 일대에 있는 일족의 세력을 무시할 수 없었다는 게 지금까지 지적되어 있다. 모두 경

청할 만한 견해이다.

하지만 왜 677년에 조칙을 내렸을까. 하나의 배경으로 전년의 '니이키(新城)' 건설 계획과 그 포기를 들 수 있다. '니이키'는 새로운 도성을 뜻하며 구체적으로는 후지와라쿄(藤原京)를 가리킨다. 덴무(天武) 천황은 아스카(飛鳥)에서 후지와라쿄(藤原京)로 천도하려고 했으나 결국은 단념하게 되었다. 이에 따라 이 시기 아스카(飛鳥)의 중요성은 상대적으로 늘어났을 것이다. 덴무(天武) 천황으로서는 아스카(飛鳥) 지역에 강한 영향력을 가진 야마토노아야씨(東漢氏)의 협력이 무엇보다 필요했을 것이다. 나로선 크게 봐서 이 이유로도 충분하다고 생각하는데 좀 더 구체적인 사정을 생각해 보고 싶다.

아스카이케(飛鳥池) 목간으로 알 수 있는 것

그 소재가 되는 게 아스카이케(飛鳥池) 유적에서 출토된 목간이다. 아스카데라(飛鳥寺) 동남 모퉁이에 인접한 이 유적은 튼튼한 동서담을 경계로 해서 남쪽과 북쪽으로 성격이 크게 다르다. 여기서 검토하려는 건 남지구이다. 이 지구에는 언덕 사면에 많은 노(爐)가 있는 각종 공방이 부설되었고 금·은·동·철을 원료로 해서 건축 금속류나 공구, 무기, 일상생활용품, 불구(佛具) 등을 생산하거나 유리·수정·호박(琥珀)을 조합한 옥류 생산, 별갑(鼈甲) 가공, 옻칠 제품이나 기와 생산을 대대적으로 하고 있었다. 일본 최고의 주조 화폐인 후혼센(富本錢)도 이 남지구 공방(이하 아스카이케(飛鳥池) 공방)에서 만든 것이다.

아스카이케(飛鳥池) 공방에서는 7세기 후반(덴무(天武)·지토(持統) 천황

시대) 목간이 300점 가까이 출토되었다. 이들은 (1) 금속 제품을 비롯한 각종 제품이나 그 원료에 관한 내용을 가진 목간이 많다, (2) 금속 제품의 목제 모형에 묵서한 게 많다, (3) 제품이 공급되는 기관을 기록한 것으로 생각되는 목간이 많다, (4) 장인에 관한 내용이 있는 목간이 있는 등의 특징이 있다. 목간이 공방과 밀접한 관계가 있는 건 일목요연하다. 이들을 자세히 분석한 결과 다음 사실을 밝힐 수 있었다.

A 아스카이케(飛鳥池) 공방의 조업 시기는 고고학적으로 크게 두 시기로 나뉘는 것을 확인할 수 있는데 출토된 목간은 주로 제2기 대규모 공방 시대 것들이다. 본격적인 조업은 678년경에 시작되고 폐업은 아마 694년 후지와라(藤原) 천도쯤으로 보인다.

B 목간을 폐기한 건 생산에 종사한 각종 공방이며 그 중심은 철공방이었다. 아스카이케(飛鳥池) 공방 전체를 통괄한 시설에서 폐기된 목간은 기본적으로 출토되지 않았다. 각종 공방은 현업 부문과 관리부문으로 이뤄지는데 목간은 주로 관리부문에서 명령 전달, 원료 관리, 제품 관리·발송 등과 관련해서 사용되었다.

C 아스카이케(飛鳥池) 공방에서는 천황·황족·귀족·사원 등의 수요에 응했다. 또 목간에서 직접 알 수는 없지만 후혼센(富本錢) 주조에 보듯 국가적인 요청에도 응했다고 추측된다.

D 아스카이케(飛鳥池) 공방 장인들은 6세기 말~7세기 전반 무렵 아스카데라(飛鳥寺)가 소가(蘇我) 본가의 씨사(氏寺. ※옮긴이: 어느

씨족이 귀의하여 대대로 전하는 절)적 성격이 강했을 때 소가씨(蘇我氏)·야마토노아야씨(東漢氏) 지배하에 있던 장인의 계보를 이어받는다. 더 거슬러 올라가 보면 5세기 후반경까지 외교 분야를 중심으로 활약해서 대왕 일족의 외척으로 권력을 자랑한 가즈라키씨(葛城氏) 산하에 있던 도래계 장인에 이른다.

지금까지의 연구는 주로 C에 주목해서 공방 성격을 논의했고 관영 공방, 궁정 공방, 사원 공방 등의 설이 나왔다. 여러 견해는 생산 규모라든지 내용이라든지 인접한 아스카데라(飛鳥寺)의 사원 공방의 범주를 크게 벗어나기 때문에 첫째로는 천황 혹은 그 뜻을 구현하는 국가 기구가 직접 관리한 공방으로 이해해야 한다는 것이다. 아스카이케(飛鳥池) 공방 바로 남서쪽에는 덴무(天武)·지토(持統) 천황의 아스카키요미하라노미야(飛鳥淨御原宮)가 있었다는 것도 전제로 해야 한다.

공인들의 계보

A·D에 주목해서 좀 더 구체적으로 검토해 보자. 먼저 D와 관련된 상징적인 목간을 든다.

```
                    〔人?〕          〔人?〕
「           田□連奴加   加須波□鳥麻呂
(앞)· 官大夫前白
            □田取       小山戸弥乃
                    〔文?〕

(뒤)·「以波田戸麻呂  安目  汗乃古
     野西戸首麻呂  大人  阿佐ツ麻人□留黑井
```

이는 '官大夫'(각종 공방의 책임자)에게 아뢴 목간이다. 아뢸 때는 구두로 보충 설명을 하는 것을 전제로 해서인지 구체적인 용건은 아무것도 적혀 있지 않다. 하지만 '田□〔人?〕連奴加' 이하 2행으로 쓴 부분 전체에 걸쳐 총 11명의 장인 이름이 적혀 있으므로 관리와 관련된 내용인 건 확실하다. 장인 중에 '阿佐ッ麻人'라는 씨성이 보인다. '阿佐ッ麻'는 '아사쓰마'이며 야마토국(大和國) 가쓰라기(葛城)지역의 지명 '아사쓰마(朝妻)'를 가리킨다.

여기서 생각나는 게 아스카데라(飛鳥寺) 불탑에 새겨진 명문이다. 거기에는 백제에서 도래한 노반사(鑪盤師)·와사(瓦師) 등 최신기술을 제공 받아 야마토노아야노오오아타이(山東漢大費直)를 총책임자로 해서 '오누미노오비토(意奴弥首)' '아사쓰마노오비토(阿沙都麻首)' '쿠라노오비토(鞍部首)' '가와치노오비토(山西首)'를 장(將)으로 해서 그 산하의 기술자를 부려 아스카데라(飛鳥寺) 조영 사업을 진행한 모습이 적혀 있다. 아스카데라(飛鳥寺)는 소가(蘇我) 본가의 씨사(氏寺)적 성격이 강하므로 소가(蘇我) 본가에서 일하는 장인 편성의 일단이 엿보인다고 할 수 있다. 장 가운데 한 명인 '아사쓰마노오비토(阿沙都麻首)'는 '朝妻首'이다. 또 '오누미노오비토(意奴弥首)'는 '오시누미노오비토(忍海首)'를 뜻한다. 오시누미(忍海)도 가쓰라기(葛城) 지역의 지명이다.

또 그 이후의 나라(奈良)시대 사료를 보면 아사쓰마(朝妻)·오시누미(忍海)의 장인은 주로 금속 생산에 종사하는 잡호(雜戸. 수공업에 종사한 기술자)였음을 알 수 있다. 잡호는 품부(品部)와 더불어 특수한 기술을 가지고 있기 때문에 계속하여 국가의 강한 통제 아래 놓이게 되었다.

즉 가쓰라기(葛城) 지역의 장인은 7세기 초쯤에는 야마토노아야씨(東漢氏) 산하에 소가씨(蘇我氏)·아스카데라(飛鳥寺)에 소속되고, 8세기 이후는 잡호로 파악된 집단에 소속되었다는 것인데, 그 중간 단계인 7세기 후반에는 아스카이케(飛鳥池) 공방에서 일한 게 목간을 통해 새로 밝혀졌다.

이것은 같은 아스카이케(飛鳥池) 유적에서 출토된 '佐備四 依羅三

□□□'라고 적혀 있는 목간에서도 뒷받침된다. 『日本書紀』 진구기(神功紀)에는 신라에 파견되었던 가쓰라기노소쓰히코(葛城襲津彦)가 포로를 데리고 와서 가쓰라기(葛城) 지역의 '구와하라(桑原)·사비(佐靡)·다카미야(高宮)·오시누미(忍海)'에 살게 했다고 한다. 목간의 '佐備'는 사비임이 틀림없다. 가쓰라기(葛城)지역의 난고(南鄕)유적군(나라현(奈良縣) 고세시(御所市))에서는 가쓰라기(葛城)씨 거관터와 도래인 취락 유적 등이 발견되어 철 생산을 중심으로 각종 수공업 생산이 있었다는 게 확인되었다.

시대 변화에 대응하여

이렇듯 원래 가쓰라기씨(葛城氏)가 도래계 장인들을 장악했었는데 5세기 후반에 가쓰라기(葛城) 본가를 유랴쿠(雄略) 천황이 멸망시키자 야마토노아야씨(東漢氏) 밑에 편입되어 간다. 애초 야마토노아야씨(東漢氏)는 오오토모씨(大伴氏)와 친밀한 관계였지만 차츰 오오토모씨(大伴氏)와 더불어 소가씨(蘇我氏) 산하로 들어간 것으로 보인다. 7세기 들어 소가노우마코(蘇我馬子)가 스이코(推古) 천황에게 가즈라키노아가타(葛城縣) 영유를 요구하거나, 소가노에미시(蘇我蝦夷)가 가즈라키노타카미야(葛城高宮)에 조묘(祖廟)를 세워 팔일무(八佾舞. 군무의 일종)를 하는 등 소가씨(蘇我氏)는 가쓰라기(葛城)에 활발하게 진출했다. 이렇게 해서 앞에서 본 불탑 명문에 보이는 것과 같은 상황으로 이어간 것이다.

자세한 건 생략하지만 다른 목간도 총합해 보면 야마토노아야씨

(東漢氏) 계열에 소속된 장인들이 아스카이케(飛鳥池) 공방에서 다수 일하고 있던 것을 알 수 있다. 그때 중요한 전기가 된 건 645년의 '을사의 변'이었다. 소가(蘇我) 본가는 멸망하고 소가씨(蘇我氏)의 씨사(氏寺)인 아스카데라(飛鳥寺)는 천황가에 접수되었다. 이에 따라 야마토노아야씨(東漢氏)와 그 산하 장인들도 천황가를 모시게 되었던 게 아닐까.

이윽고 덴무(天武) 천황 시대가 되자 아스카이케(飛鳥池) 공방은 대규모 공방으로 다시 태어났다. 목간이 출토된 유구와 기년명 목간과의 관계에 주의하면서 검토해 보면 A에서 말했듯이 아스카이케(飛鳥池) 공방의 본격적인 조업이 시작된 시기는 678년경으로 추측할 수 있다. 여기서 앞의 『日本書紀』 기사로 되돌아가면 바로 아스카이케(飛鳥池) 공방의 대대적인 정비가 시작되었거나 막 시작할 677년에 덴무(天武) 천황의 조직이 있었다는 것을 알 수 있다. 공방을 원활하게 경영하려면 장인을 직접 장악했던 야마토노아야씨(東漢氏)의 전면적인 협력은 불가피해서 그런 조직이 내려진 게 아니었을까.

따라서 니이키(新城. 후지와라쿄(藤原京)) 건설을 일시적으로 포기하는 상황에서 아스카(飛鳥) 일대에 영향력을 가진 야마토노아야씨(東漢氏)의 협력은 여러 측면에서 필요했을 것이고, 어디까지나 아스카이케(飛鳥池) 목간은 그 일면을 구체적으로 보여 주는 것으로 이해하고 있다. 그렇다고 해도 아스카이케(飛鳥池) 유적의 사례는 목간 출토로 문헌 사료에 새로운 해석의 가능성이 커지는 것을 의미하는 건 틀림없다.

하찰이 말하는 고대 세제(稅制)

바바 하지메(馬場基)

하찰 목간을 읽다

하찰 목간은 흥미롭다.

하찰은 짐에 매달려 전국 각지에서 멀리 도성까지 때로는 800km를 넘는 여행을 했다. 짐에 매달기 위해 짐의 특징이나 크기, 형태 등 포장 상태에 맞춰서 형태를 갖춘다. 그래서 거꾸로 하찰의 형태로 짐의 모습이나 짐을 꾸리고 포장하는 방법 등을 알 수 있다. 또 긴 여행기간 동안 짐과 같이 비바람을 맞으며 이동하는 건 튼튼한 목간의 특성을 살린 이용방법이다. 목간 특유의 이용방법, 적혀 있는 문자와 형태의 총합적 분석 등 하찰목간이야말로 목간 연구의 참맛이 응축된 소재라 할 수 있다.

또 하찰의 상세한 분석은 일본 고대국가의 본질에도 직결되는 중요한 사실을 전해준다. 즉 하찰이 매달리는 짐은 그냥 짐이 아니라는 것이다. 모두 중앙정부로 공납(貢納)되는 세물(稅物)이다. 그래서 하찰을 분석하는 것으로 고대 세제의 운용 실태에 접근할 수 있다. 여기서는 하찰을 둘러싼 두 가지 분석을 소개하고 싶다. 먼저 글자로 쓰인 내용 분석부터 살펴보자.

내륙부의 소금?

하찰에는 기본적으로 짐의 내용 이외에 짐을 보낸 발송인-즉 세물 공납자(貢納者)-의 이름이나 주소가 적혀 있다. 그래서 주소로 기재된 지명으로 그 지역에서는 나라(奈良)시대에 어떤 물건을 생산했는지를 알 수 있을 터이고, 또 어떤 사람들이 그 물건을 공납했는지를 생생하게 알 수 있을 터이다.

'알 수 있을 터'라고만 해서 단정하지 않은 이유가 있다. 예를 들어 미역의 명산지로 니에(贄)-천황을 위한 고급 식재-하찰 목간에 보이는 지역은 도쿠시마현(德島縣)의 나루터(鳴門) 등 지금까지도 변함없는 미역의 명산지다. 그러나 항상 그렇게 잘 맞진 않는다. 하찰에 나오는 지명을 지도에서 확인해 보면 엉뚱한 곳에 이를 때도 있다.

동해에 연한 와카사(若狹)지방(후쿠이현(福井縣) 서부)은 현재도 풍부한 해산물로 유명하다. 나라(奈良)시대 와카사국(若狹國)은 풍부한 해산물을 천황께 바치는 '미케쓰쿠니(御食國)'였다. 고급 식재의 공급원이다. 한편 소금 생산도 왕성했다. 헤이조쿄(平城京)에서 출토되는 소금 하찰 중 가장 많은 게 와카사(若狹)의 소금 하찰이다.

일본에서 소금은 해안가에서 생산된다. 그런데 와카사국(若狹國) 소금 하찰에 나오는 지명을 지도에서 찾으면 해안에서 멀리 떨어진 내륙부일 경우가 있다. 즉 소금 하찰에 쓰인 지명은 전혀 소금 명산지가 아니라는 것이다. 거기에 이름이 나오는 사람이 실제로 소금을 만든 사람이었는지도 의심이 가게 된다.

왜 이런 현상이 일어나는 것일까. 그 이유로 와카사국(若狹國)은 중앙정부가 국 전체를 소금을 공납하는 지역으로 지정하는 바람에 해안부도 내륙부도 다 소금 공납을 요구받았기 때문이라고 추정된다. 바다가 없는 내륙부 사람들도 소금을 공납해야 하니 소금을 만들기 위한 토기 생산이나 땔나무 공급 등 분업 체제를 갖추고 소금 생산에 참여하거나, 혹은 다른 물자와 소금을 교환하거나-즉 연해부 사람들 한테서 소금을 사들이거나-해서 소금을 공납했다는 것이다. 이러한 분업이나 교환은 자연 발생적인 게 아니다. 와카사국(若狹國)이 소금 공납국으로 지정된 것에 유래된다. 그래서 국이나 군을 비롯한 지방 관청이 중개하거나 정리하는 과정에서 중요한 역할을 했다는 건 상상하기 어렵지 않다.

와카사국(若狹國) 소금 하찰을 분석해 보면 와카사(若狹)의 소금이 '비축용'으로 특별히 가공된 것임을 알 수 있다. 고대에 소금은 보존할 수 없고 소실되기 쉬운 것으로 인식되었다. 간수 성분이 많다보니 공기 중의 수분을 흡수해서 저절로 녹아버리는 것이다. 그래서 장기 보존을 위해서는 특수한 가공이 필요했다. 와카사국(若狹國)은 거국적으로 대형 토기를 이용해서 대규모로 비축용 소금을 생산했다. 소금 비축은 쌀 비축과 더불어 부를 비축하는 핵심으로 국력의 비축에 다름 아니다. 와카사국(若狹國)은 고대국가 국력 비축의 일익을 맡았다.

이렇게 거국적으로 공납물을 생산하는 건 와카사국(若狹國)만의 특례가 아니었던 것 같다. 보소반도(房總半島) 남단의 아와국(安房國. 지바현(千葉縣) 남부) 역시 해산물 공납국으로 알려져 있다. 오늘날에도 아와시라하마(安房白濱)에서는 해녀들이 활약하는데, 나라(奈良)시대에도 아와국(安房國) 하면 전복이었다. 나라(奈良)시대와 현대 특산지가 똑같은 것이 니에의 미역 예와 흡사한 것처럼 보인다.

그런데 아와국(安房國)의 전복 하찰에 보이는 지명을 지도에서 확인해 보면 산간지역일 경우가 있다. 산간지역에 사는 사람들이 바다에 가서 잠수하지 않았다고 단정할 수는 없지만 역시 추측해 보면 와카사국(若狹國)과 같은 상황을 상정하게 된다. 아와국(安房國) 전체가 전복을 공납하는 것으로 지정되니 국 전체가 분업이나 교환을 하면서 전복을 생산했을 것이다.

구로시오(黑潮)가 흐르는 이즈국(伊豆國. 시즈오카현(靜岡縣) 동부·도쿄도(東京都) 도서부 이즈제도(伊豆諸島))도 마찬가지다. 이즈국(伊豆國)의 가다랑어 하찰에 나오는 지명을 찾아보면 이것도 산간지역이 나오는 경우가 있다. 이즈국(伊豆國) 전체가 가다랑어 공납국으로 지정되어 국 전체가 가다랑어를 생산했을 것이다.

전국의 모든 국이 이러한 체제로 생산했는지는 알 수 없다. 하지만 단순히 몇 국의 특례로 보기도 어려울 것이다. 고대국가는 각지의 명산품을 그냥 끌어 모았던 게 아니었다. 각 지역의 특성을 고려하면서 효율적으로 또 대량으로 공납하기 위해 분업이나 교환을 마련하는 등 생산체제 정비까지도 실행한 것으로 추정된다.

(뒤)　　(앞)

서사 장면에서

다음에 목간이 사용된 방법을 분석하다 보니 떠오르는 생각이 있다.

확보된 공납물은 어디로 집하되고 어디서 포장되었을까. 이즈국(伊豆國) 하찰 목간을 분석하면 이 의문에 대해서도 알 수 있다.

고대 지방 행정은 국(國) 아래에 군(郡)이 있고 군 아래에 향(鄕)이 있었다. 국에는 중앙정부에서 관인이 파견되는 데, 군의 관인에는 재지 유력자가 채용된다. 한편 향이 어느 정도 행정적인 역할을 했는지는 잘 밝혀져 있지 않다.

먼저 하찰의 필체를 보면 하찰은 향마다 한꺼번에 썼다고 추정된다. 또한 이주국(伊豆國) 하찰에는 추기가 있다(그림1). 율령에는 가다랑어를 공납하는 양은 무게로 규정되어 있다. 이 규정 중량은 공납한 사람의 주소와 이름과 같이 먼저 목간에 쓰인다. 한편 실제 가다랑어 크기에

(그림1) 이즈국(伊豆國)의 가다랑어 하찰. 뒷면의 '員十連三節'이 하찰의 형상을 적은 추기

는 개체차가 있으므로 무게를 일정하게 하려면 가다랑어 마릿수로 조절해야 한다. 그래서 짐마다 가다랑어 마릿수는 달라진다. 그래서 실제 가다랑어 마릿수를 기록한 추기를 나중에 해야 하는 셈이다. 이 추기는 군마다 한꺼번에 했을 것으로 추정되어 있다.

실제 짐 없이는 가다랑어 몇 마리가 짐으로 묶였는지 알 수 없으니 추기는 짐을 포장한 뒤에 했을 것이다. 또 이 추기는 짐을 포장한 뒤에 끈이 걸리는 부분에도 글자가 있으므로 하찰을 짐에 매달기 전에 적었을 것이다. 따라서 추기는 짐을 꾸린 후, 짐에 하찰을 매달기까지 사이에 적었으리라 이해할 수 있다.

그 장소는 어디였을까. 군 단위로 추기 필체에 공통성이 있다고 하니 군 관청일 가능성이 크다. 군 관청에서 형태를 확인하고 하찰에 확인했다고 기록하고 나서 하찰은 짐에 매달렸다. 공납 체제 전체 속에서 군이 담당한 역할이 컸다는 것을 엿볼 수 있고, 이런 점을 통해 생각하면 생산 체제 정비에서도 군이 큰 역할을 한 것을 알 수 있다.

그런데 추기가 현물 짐을 눈앞에 두고 쓴 것인데 대하여 그 밖의-공납한 사람의 주소, 이름, 공납한 물품 이름이나 공납 규정량 등-내용은 무엇을 근거로 쓴 것일까. 하찰을 작성할 때에는 아직 짐이 없으니 뒤에 추기할 필요가 있다. 즉 짐과 무관하게 미리 하찰을 작성했던 게 분명하다. 하찰에 쓰인 내용의 특징을 생각하면 하나의 가능성이 떠오른다.

그건 장부(帳簿)를 바탕으로 기계적으로 하찰을 작성했다는 상정이다. 고대에는 계장(計帳)이나 조장(調帳)이라고 불리는 장부가 작성되었고 사람들의 주소나 이름, 공납해야 할 물품 등의 리스트가 작성되었다. 하찰의 기재는 이들 장부 기재와 흡사하다. 하찰 기재는 지역이나 물품·세목에 따라 차이가 있는데, 장부 기재와의 유사함은 하찰 전반에 공통된 특징이라고 할 수 있다. 즉 하찰은 실제 물품이나 사람들과 직접적으로 관계되진 않고 장부를 바탕으로 마치 장부를 분해하듯이 작성되었다. 이들 장부는 향마다 두루마리 문서로 작성되었으니 한 권씩 분담하면 향 단위로 필체가 달라지는 건 자연스럽다.

즉 하찰을 짐에 매다는 작업은 장부의 분신인 하찰이 실제 짐과 만나서 장부상의 내용과 현실 상황을 맞추는 작업이었다는 것이다.

하찰이 한 역할

이상 하찰 목간을 둘러싼 두 가지 분석을 소개했다. 여기서 어떤 고대 국가상이 떠오를까.

일본 고대국가의 특징의 하나로 '개별인신지배(個別人身支配)'가 지적된다. 지방 행정 단위나 사회적 집단을 통해서가 아니라 한 사람한 사람 각 개인을 국가가 장악해서 각각에 부담을 부과한다는 것이다. 공납품에 매달린 하찰에 적혀 있는 사람들의 이름은 이러한 지배제도를 구현한 것처럼 보인다.

그러나 현실은 좀 달랐다. 예를 들어 위에서 서술했듯 생산체제를 정비한 건 군을 중심으로 하는 지방 행정 기관이었다. 그런데 한편으로는 여러 장부상에서 '개별인신지배'가 실현되고 있었다. 즉 생산된 공납품은 하찰 목간이 매달리는 것으로 장부상의 '개별인신지배'에 편입된 것이다. 하찰이 매달리는 것을 통해 실제로는 조직적인 생산 체제로 생산된 것들이 장부상의 개인 부담으로 바뀌어 간 것이다.

이러한 상황에 대해 '개별인신지배'를 장부상의 환상으로 평가하는지, 아니면 '개별인신지배'를 실현하기 위한 노력으로 평가하는지는 논자에 따라 다를 것이다. 하지만 목간을 중심으로 생각해본다면 목간이 고대사회에서 담당했던 하나의 역할을 선명하게 보여 주는 것이다.

고대국가는 지배의 기본 수단으로 많은 장부를 만들었다. 이 장부들은 총괄적이고 총합적인 것이다. 한편 지배를 실현하기 위해 직접 관리해야 하는 현실의 사람들이나 물품들은 매우 개별적이고 구체적이다. 이 둘 사이에 존재했던 게 목간이었다고 할 수 있지 않을까. 하찰을 비롯한 목간은 그 양자를 매개하고 때로 생기는 모순을 흡수하면서 국가나 사회를 원활하게 운용하는 데 큰 역할을 했다.

제2장

나라의 도성을 재현하다
- 궁도(宮都) 목간에서

나라(奈良)의 도성을 재현하다
- 궁도(宮都) 목간에서

다테노 가즈미(舘野和己)

헤이조큐(平城宮) 목간의 발견

1961년 1월 헤이조큐(平城宮) 터 안의 북쪽, 2010년 4월에 복원된 대극전(大極殿)(제1차 대극전) 북쪽에 있는 관아(관청) 터에서 진행되던 발굴 조사로 쓰레기를 버리기 위해 판 구덩이(토갱) 속에서 40점의 목간이 출토되었다. 이것이 헤이조큐(平城宮) 터에서 처음 출토된 목간으로 일본 목간 연구사의 큰 출발점이 되었다. 목간은 쇼소인(正倉院)에 몇 개 남아있고, 1945년 이전에도 출토된 사례가 없진 않았으나 산발적이었던 것에 대하여 헤이조큐(平城宮) 터에서 한 번에 대량으로 발견되고 그 이후에도 계속해서 출토되면서, 목간이 고대에는 아주 일반적으로 사용되었다는 게 밝혀졌기 때문이다. 또 앞으로 말하겠지만 목간은 일상적인 사무처리나 하찰 등으로 사용되었기 때문에 『續日本紀』등 사서가 전하지 않은 역사의 세부를 말해 주는 유력하고 유효한 사료이다.

발굴을 담당한 나라문화재연구소(奈良文化財研究所. 당시는 나라국립문화재연구소(奈良國立文化財研究所))가 출간한 목간 보고서 『平城宮木簡1 解說』(1969년)은 '헤이조큐(平城宮) 출토 목간은 여태까지 주목되지 않던 극히 소수의 발굴 혹은 전세품이 있었다고 해도 일본에서 대량으로 출토된 최초 사례이다. 이 목간이 보여주듯 목찰(木札)에 글자를 쓰고 사무처리에 사용한 것이나 그 풍부한 기재 내용은 지금까지 상상도 못 했던 바이다. 이들은 부족한 나라(奈良)시대 문헌 사료를 보태는 것이고, 그 연구는 나라(奈良)시대 연구에서 불가결한 것이 되어 가고 있다'라고 목간 발견의 충격과 중요성을 단적으로 지적하고 있다.

본 장에서는 주로 헤이조큐(平城宮)·헤이조쿄(平城京) 터에서 출토된 목간을 통해 헤이조쿄(平城京) 모습을 재현해 보려 한다.

1. 궁도가 조영되었을 무렵

천도를 둘러싸고

『續日本紀』를 통해서 후지와라쿄(藤原京)에서 헤이조쿄(平城京)로 천도된 경위를 보면 다음과 같다. 먼저 708(和銅원)년 2월 15일에 겐메이(元明) 천황이 헤이조(平城) 천도의 조(詔)를 내렸다. 그리고 3월 조궁성(造宮省), 9월에는 조헤이조쿄사(造平城京司)라는 각각 궁과 경을 조영하는 일을 담당하는 기관이 발족되고 공사가 시작되었다. 그리고 조영이 진척된 다음 해인 709년 12월 5일에 천황은 헤이조큐(平城宮)로 행차했다. 그러나 언제 후지와라큐(藤原宮)로 돌아갔다는 기사는 없는 상태로 710년 정월 1일에 원일조하(元日朝賀) 의식을 행했다. 대극전(大極殿)에 있는 천황한테 배하(拜賀)하기 위해 좌우 장군이 기병을 이끌고 황성문(皇城門; 주작문(朱雀門)) 밖의 주작대로(朱雀大路)에서 동서로 나뉘어 도열하고, 남구주(南九州)와 동북(東北) 지방 주민으로 이민족으로 간주되었던 하야토(隼人)·에미시(蝦夷)를 이끌고 북쪽으로 주작문(朱雀門)을 통해 궁 안으로 들어가 대극전(大極殿)을 향해 행진해갔다. 원일조하 의식은 1년간의 연례행사 가운데 중요한 것이었다. 대극전(大極殿) 앞에는 많은 관인들도 천황에게 축하를 아뢰기 위해 모여 있었다. 거기에 기병들이 행진해 오는 장려한 의례가 펼쳐진 것이다. 그리고 같은 해 3월 10일에는 '처음으로 도성을 헤이조(平城)로 옮겼다'라고 기록된다. 후지와라쿄(藤原京)에서 헤이조쿄(平城京)로의 천도였다.

이렇게 보면 사실 천도 경위에 몇 가지 의문이 생긴다. 먼저 (1)710년 원일조하 의식은 후지와라큐(藤原宮)에서 한 것이었는지 아니면 헤이조큐(平城宮)에서 한 것이었는지. 헤이조큐(平城宮)로 행차한 후 후지와라큐(藤原宮)으로 돌아갔다는 기사가 없으니 그건 헤이조큐(平城宮)에서 한 것으로 볼 수도 있고, 단순히 기사가 빠진 탓이라면 후지와라큐(藤原宮)에서 한 것으로도 볼 수 있다. 『續日本紀』만으로는 어느 쪽으로도 단정하기가 어렵다. 그리고 또 하나는 (2)어떻게 해서 겨우 2년 만에 천도를 실현할 수 있었을까는 의문이다. (1)을 헤이조큐(平城宮)에서 했다고 하면 그때 이미 헤이조큐(平城宮) 대극전(大極殿)이 완성되었다는 게 된다. 그렇다면 조궁성(造宮省)이 발족된 지 겨우 1년 9개월 만에 완공된 게 되는데, 현대의 건설기술로도 매우 어려운 일이 과연 가능했을까. 만약 후지와라큐(藤原宮)에서 했다고 해도 2개월 뒤에 천도했으니 매우 짧은 기간에 천도가 실현되었다는 건 차이가 없다. 그렇게 빨리 천도할 수 있었던 이유는 과연 무엇일까.

궁 조영의 지연

이러한 오랜 의문은 얼마 전 종지부를 찍게 되었다. 복원사업이 끝난 나라시대 초기 대극전이 있던 지역 남문의 동서 양측 회랑이 이어지도록 누각이 조영되었다. 복원사업에 앞서 서쪽 누각 부분에서 2002년도에 발굴 조사가 시행되었다. 당시 회랑과 누각 일대에 깔린 정지하기 위한 흙 속이나 누각 기둥을 뽑아낸 구덩이에서 목간이 출토되었는데, 정지된 흙 속에서 발견된 목간 중에 다음과 같은 게 있다.

〔刀?〕
①(앞)·「伊勢國安農郡阿□里阿斗部身」
(뒤)·「和銅三年□月   」
〔三?〕

이 목간에는 세목이나 품목이 없으나 보통 국군리(國郡里) 명이나 인명이 있는 건 여러 국에서 도성으로 공진된 세물(稅物)에 매달린 하찰 목간이다. 이것도 그럴 것이다. 그렇다면 이 목간은 710(和銅3)년 3월이라는 천도한 바로 그 달에 작성되어 세물에 매달려 이세(伊勢)를 출발하여 헤이조큐(平城宮)로 운반된 게 된다. 그리고 납부된 후에 그 것을 필요로 하는 부서로 분배되어 소비하기 위해 짐을 풀었을 때 하찰을 떼고 폐기한 것이다.

그렇다면 목간이 폐기된 건 아무리 빨라도 710년 3월 이후이며 그 때는 대극전 지역 앞에서 정지 공사를 진행하고 있었던 셈이 된다. 따라서 천도 당시에는 적어도 대극전 지역 남면 회랑 주변은 아직 완성되지 않았다는 것이다. 그런 곳에서 천도하기 2개월 전에 상술한 것처럼 대규모로 장려한 의식을 치렀으리라고는 상정하기 어렵다.

필연적으로 710년 원일조하는 헤이조큐(平城宮)가 아니라 후지와라 큐(藤原宮)에서 했다고 이해된다. 『續日本紀』에는 후지와라큐(藤原宮) 로 돌아간 기사는 없지만, 전년 12월 15일 이후 겐메이(元明)는 후지 와라큐(藤原宮)로 돌아가 거기서 새해를 맞았다. 이것으로 (1)은 해결 되었다.

다음은 (2)인데 후지와라큐(藤原宮) 대극전과 헤이조큐(平城宮)의 그 것은 규모가 같고(폭 9칸=44m, 안쪽 길이 4칸=19.5m) 헤이조큐(平城宮) 대극전에는 후지와라큐(藤原宮) 대극전 기와가 사용된 게 발굴을 통 해 밝혀져 있다. 이 사실은 후지와라큐(藤原宮)에서 헤이조큐(平城宮) 로 대극전을 옮겨 지었다는 것을 의미한다. 즉 710년 설날에 사용한 후 해체하여 헤이조큐(平城宮)로 옮겨 지은 것이다. 그렇다면 대극전 이 완성된 때가 언제냐는 의문이 생긴다. 『續日本紀』에 헤이조큐(平 城宮)에서 대극전이 사용된 것으로 보이는 때는 715(和銅8, 靈龜원)년 원일조하 의식 때로 그때까지는 완성된 것이다.

천도가 실행되었다면 당시 새 도성이 완성되었으리라 생각하기 쉽지만 실제로는 그렇지 않았다는 것이다. 대극전은 궁 안에서 가장 중요한 건물이지만 완성은 늦어진 것인데, 천황이 생활하거나 일상적 정무를 보는 데 지장 없는 단계에 천도했다고 할 수 있을 것이다. 의식을 치르는 장소는 한동안 없어도 된다는 것이다. 학교로 비유하자면 교실이나 교무실이 있다면 강당은 없어도 학교를 여는 것과 마찬가지다. 따라서 천도한 이후에도 조영 공사는 계속되었을 것이다. 『續日本紀』는 천도부터 1년 반이 지난 711(和銅4)년 9월에도 '지금 궁

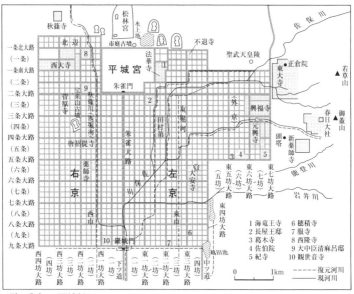

그림1. 헤이조쿄(平城京)도

의 담이 아직 완성되지 않았다. 경비 체제가 갖춰지지 않았다'라고 헤이조큐(平城宮)를 둘러싼 담이 완성되지 않은 모습을 전한다. 도성을 만드는 데에는 시간이 오래 걸린 셈이다.

바둑판 같은 도시

헤이조쿄(平城京)에는 가로세로로 대로(大路)·소로(小路)가 부설되고, 이른바 바둑판처럼 도시구획이 이뤄졌다(그림1). 이러한 고대 도성 도시 계획을 조방제(條坊制)라고 한다. 많은 도로 중에서 가장 넓은 주작대로(朱雀大路)는 폭이 약 70m나 되었는데, 헤이조쿄(平城京) 이전부터 있었던 시모쓰미치(下ツ道=아랫길)라는 남북도로의 폭을 확장한 것이다. 나라분지(奈良盆地)에는 7세기부터 동쪽에서 가미쓰미치(上ツ道=윗길), 나카쓰미치(中ツ道=가운뎃길), 시모쓰미치라는 3개 직선도로가 약 2.1km 간격으로 조영되었다. 그 중에서 시모쓰미치 동서에 팠던 측구는 매립되고, 그 바깥에 새로운 측구를 만들어서 주작대로로 사용한 것이다.

헤이조쿄(平城京) 남쪽 현관인 주작문(朱雀門) 바로 북쪽에서는 궁을 조영할 때 메운 시모쓰미치 측구가 확인되었는데, 서쪽 측구에서 목간이 출토되었다. 그 속에는 길이 65cm나 되는 장대한 목간이 있었는데, '闘々司前解'로 시작하고 좌경(左京) 오하리마치(小治町) 사람인 '아키노스구리이토코마로(阿伎勝伊刀古麻呂)'와 '오오야케메(大宅女)' 두 사람이 오오미국(近江國) 가모군(蒲生郡) 아키노사토(阿伎里)에 있는 같은 일족이 사는 곳에서 좌경으로 돌아갈 때 사용한 것이었다. '여러 관문의 관인 앞에 아룁니다'로 시작되듯이 이는 국경에 놓인 관문을 통과할 때 사용된 통행증(과소(過所)) 목간이었다. 헤이조큐(平城宮) 조영 이전의 것이므로 이 좌경은 후지와라쿄(藤原京)의 것이며, 거기서는 오하리마치(小治町) 같은 지명이 사용되었던 것을 알 수 있다. 한편 헤이조쿄(平城京)에서는 좌경 3조 2방과 같이 숫자로 주소를 가리키게 된다.

그리고 서쪽 측구에서는 나라(奈良)시대 이후에는 보이지 않는 '오오노노사토(大野里)'라는 이름을 쓴 목간이나 '五十戶家'라든지 '五十家'라 묵서된 토기도 출토되었다. 후자는 국·군 밑의 행정조직인 里(한 里는 50戶로 구성되었다)의 사무를 맡은 시설로 보인다. 예컨대 헤이조큐(平城宮) 조영으로 오오노노사토(大野里)는 어딘가로 이동되어 소멸한 것이다.

가로수가 있는 경관

경 안 도로에는 가로수를 심었다. 『萬葉集』에 실려 있는 엣추노카미(越中守. ※옮긴이: 옛추국(越中國)의 장관) 오오토모노야카모치(大伴家持)가 옛추 국부((越中國府. 현재 도야마현(富山縣) 다카오카시(高岡市))에서 읊은 노래

春の日に 張れる柳を 取り持ちて 見れば都の 大路し思ほゆ (권19-4142)

(봄날에 싹 튼 버드나무를 들고 보니 도성 대로가 생각이 난다)

로 헤이조쿄(平城京) 대로에는 버드나무를 심은 것을 알 수 있다. 헤이안쿄(平安京)에도 주작대로에 버드나무 가로수가 있었던 게 『延喜式』 등으로 알려져 있다.

그런데 좌경 3조 2방 북쪽 이조대로(二條大路)에서 출토된 이조대로 목간이라 불리는 대량 목간군(자세한 건 후술) 속에는 다음과 같은 목간이 있다.

②「右京四条進槐花六斗 六月八日少属大網君 ○
智万呂 」

③(앞)·「左京五条進槐花一斗八升 坊監中臣君足
□小子五人功錢十五文 功別五
〔拾?〕 升 」

(뒤)·「天平八年六月十四日坊令大初位下刑部舍人造園麻呂」

각각 좌경 4조나 좌경 5조에서 회화나무 꽃(槐花)을 보내왔다는 내용이다. ②의 '少屬'은 우경을 담당하는 우경직(右京職)의 관인, ③의 '坊令'은 좌경 5조를 통괄하는 관인으로 '坊監'은 그 밑에서 일하는 관인일 것이다. 이것 말고도 우경 5조·8조·9조 등에서 보내온 비슷한 목간도 있고 경 안에 많은 회화나무가 심어졌다는 사실을 알 수 있다. 따라서 회화나무는 가로수였을 것이다. 이들 목간을 검토한 도노 하루유키(東野治之) 씨는 당나라 도성인 장안에도 버드나무나 회화나무는 가로수였다고 지적하고 있으니, 헤이조쿄(平城京)는 장안을 본보기로 만든 도성이었으며, 가로수도 예외가 아니었다.

2. 역사의 배경을 읽어내다

나가야왕가(長屋王家) 목간과 이조대로(二條大路) 목간의 발견

이미 20년 이상의 세월이 흘렀는데 1980년대 말경에 헤이조큐(平城宮) 터 바로 동남에 인접하는 좌경 3조 2방에 백화점 건설이 계획되면서 발굴조사가 시행되었다. 그런데 해당 지역에는 나라(奈良)시대 전반에 4町(약250m 사방)을 차지하는 큰 저택이 있었다는 것을 알게 되었다. 그리고 주로 저택 안의 구상 토갱과 저택 북쪽에 동서로 뻗은 이조대로 상에서 전체 약 11만 점이나 되는 대량 목간이 출토되었다. 이는 헤이조큐(平城宮) 터에서 1961년 처음 목간이 출토된 것에 버금가는 큰 사건이었다.

저택 동쪽 끝자락 가까이에 파인 길이 27m, 폭 3m나 되는 도랑에서는 710(和銅3)년부터 717(靈龜3, 養老원)년에 이르는 약 3만 5000점의 목간이 출토되었다. 그리고 그 중에

④「∨長屋親王宮鮑大贄十編∨」

라는 나가야왕(長屋王) 궁원에 오오니에(大贄)로 보내온 전복에 붙인 하찰이 있었던 것 등을 통해 그곳에 나라시대 전반의 중요 인물인 나가야왕(長屋王) 저택이 있었다는 게 밝혀졌다. 그래서 목간군은 나가야왕가(長屋王家) 목간이라고 불리게 되었는데 다채롭고 풍부한 내용을 가지고 있었다(자세한 건 토픽 3을 참조).

다음으로 이조대로 남북 양 가장자리에 파인 호상유구에서 출토된 도합 약 7만 4000점의 목간군을 이조대로 목간이라 부른다. 출토 장소는 4정을 차지한 나가야왕(長屋王) 저택의 동북쪽에 해당하는 3조 2방 8평 북쪽에 해당하고 목간의 시대는 조금 늦은 天平 연간(730년대)의 것이다. 이미 나가야왕(長屋王)은 죽었고 그 집터에 만들어진 시설과 이조대로를 사이에 두고 반대편에 해당하는 2조 2방 5평에 있던 저택에서 버려진 목간이 포함되어 있었다.

저택 주인의 변화

그리고 '皇后宮'을 경호하는 사람들의 이름을 열거한 목간이나 원지를 관리하고 천황 식사에 쓰는 채소나 과일 재배를 담당하는 '園池司'가 야채를 진상한 것을 뜻하는 목간 등으로 나가야왕(長屋王) 저택터에는 고묘(光明) 황후 궁이 만들어진 게 밝혀졌다. 이는 누구도 상상 못 했던 사실이다. 고묘시(光明子)가 쇼무(聖武) 천황의 황후가 된 건 729(神龜6, 天平원)년에 나가야왕이 반역죄로 처벌된 것과 깊은 관계가 있었다. 내친왕(內親王. ※옮긴이: 천황의 자매나 딸)이 아닌 후지와라(藤原) 씨 딸이 황후가 되기 위해서는 큰 저항이 예상된다. 그 중심에 있었다고 생각된 게 덴무(天武) 천황의 손자로 좌대신(左大臣)이라는 지위에 있던 나가야왕(長屋王)이며, 그래서 반역을 기도하고 있다고 고발되었다고 추정된다. 자살로 생을 마감한 나가야왕(長屋王) 저택터에 황후궁을 조영했다는 『續日本紀』가 말해 주지 않은 숨겨진 사실이 목간으로 밝혀진 의의는 크다. 목간의 존재 의의를 보여 준

좋은 사례라 하겠다.

잇따른 천도

740(天平12)년 9월 다자이후(大宰府) 차관인 소이(少弐) 지위에 있던 후지와라노히로쓰구(藤原廣嗣)가 정치를 비판해서 반란을 일으켰다. 그런데 10월에 쇼무(聖武) 천황은 관동(關東)으로 행차한다. 관동이란 이세국(伊勢國)의 스즈카노세키(鈴鹿關)나 미노국(美濃國)의 후와노세키(不破關)보다 동쪽을 뜻한다. 그리고 이가국(伊賀國)에서 이세국(伊勢國)을 거쳐 미노국(美濃國) 후와노돈구(不破頓宮)에 이른 후 거기서 오오미국(近江國)으로 나가서 비와코(琵琶湖) 동안을 남하하여, 12월 15일에는 야마시로국(山城國) 사가라군(相樂郡)의 구니큐(恭仁宮)로 들어갔다. 『續日本紀』가 '처음으로 경도를 만든다'라고 한 것처럼 이는 헤이조쿄(平城京)에서 천도한 것이다. 천황은 그 후 745년 5월에 헤이조쿄(平城京)로 돌아올 때까지 744년 2월에는 나니와노미야(難波宮), 745년 정월에는 시가라키노미야(紫香樂宮)로 천도를 되풀이했다. 이 가운데 시가라키노미야(紫香樂宮)에 관해서는 고가시(甲賀市)에 1926년에 지정된 사적 시가라키노미야(紫香樂宮) 터가 있었는데 그곳은 고가데라(甲賀寺) 터로 추정되었다. 현재는 '造大殿所'라고 적힌 것을 비롯한 많은 목간이나 대규모 건물 유구 등의 발견으로 거기서 2km 정도 북쪽에 있는 미야마치(宮町) 유적이야말로 궁터인 게 밝혀져 사적 시가라키노미야(紫香樂宮) 터에 추가로 지정되었다. 이것도 목간이 있어야만 가능한 성과였다.

대불(大佛) 조영을 가능하게 한 것

그런데 쇼무(聖武) 천황은 743(天平15)년 10월 구니큐(恭仁宮)에서 행차 중에 이궁 시가라키노미야(紫香樂宮)에서 금동 노사나불(盧舍那佛) 조립의 조를 내려 고가데라(甲賀寺) 땅을 열고, 이듬해 11월에는 거기서 노사나불상 체골주(體骨柱)를 세워 천황 스스로 줄을 당기는 정도까지 작업이 진행되었는데, 745년 5월에 도성이 헤이조쿄(平城京)로 돌아가자 중단되고 말았다. 그리고 대불조영은 금종산방(金鐘山房) 등을 통합해서 헤이조쿄(平城京) 동교에 만들어진 도다이지(東大寺)에서 계속하게 되었다.

도다이지(東大寺)에서는 대불전 서회랑 서쪽의 발굴조사로 대불 조영과 관련되는 숯이나 청동 파편 그리고 용해로 파편 등과 함께 많은 목간도 출토되었다. 그 가운데 다음과 같은 게 있다.

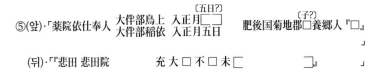

이는 '藥院'으로 대불 조립 사업에 참가하게 된 히고국(肥後國) 기쿠치군(菊地郡. 정확히는 菊池郡) 두 사람의 이름을 쓴 것이다. 뒷면은 앞면과 쓴 사람이 다르고 또 되풀이한 것도 있으니 습서(習書. 글자를 연습한 것)로 생각된다. '藥院'과 '悲田院'의 이름이 보이는데 전자는 시약원(施藥院)을 뜻한다. 둘 다 고묘(光明) 황후가 설치한 것으로 시약원은 환자에게 약을 베풀어 치료하는 시설, 비전원은 가난한 사람을 구제하는 시설이다. 목간의 기재는 위험한 조립 작업이 계속되는 현장에 부상자 등이 발생할 것에 대비하여 시약원에서 오오토모베노도리가미(大伴部鳥上) 등이 파견된 것을 뜻한다. 뒷면은 약원의 연상으로 비전원의 이름을 쓴 것일까.『續日本紀』天平寶字4(760)년 6월 7일조의 고묘(光明) 황태후의 붕전(崩傳)에 '도다이지(東大寺)와 천하의 고쿠분지(國分寺)를 창건한 건 원래 태후가 권한 바이다'라고 전하는데, 위 목간에서 바로 고묘(光明) 황후가 도다이지(東大寺) 대불 조영에 관여한 사실을 엿볼 수 있다. 그렇다면 '自宮請上吹銅一万一千二百廿二斤'이라고 적혀 있는 목간에 보이는 약 7.5t이나 되는 상불동(上吹銅)을 거기서 받았다는 '궁'도 황후궁일 가능성이 클 것이다.

또 쇼무(聖武) 천황은 대불조영에 앞서 많은 사람이 자발적으로 거기에 협력하는 사람들 즉 지식(智識)이 될 것을 요구한 바 이에 호응한 것을 보여 주는 목간도 있다.

⑥(앞)·「∨主□智識」〔水?〕
　(뒤)·「∨錢二百文」

이는 주수사(主水司)에 소속된 관인이 낸 '智識錢'인데, 지금으로 말하면 정재(淨財) 200문의 부찰이다. 관인들이 천황의 희망에 호응하는 측면과 동시에 관청이 주도하여 강제된 측면도 느껴지게 한다.

에미노오시카쓰(惠美押勝) 정권의 동요

749(天平勝寶원)년 7월 쇼무(聖武) 천황은 딸 아베(阿倍) 내친왕에게 양위했다. 고켄(孝謙) 천황이다. 그리고 8월에는 후지와라노나카마로 (藤原仲麻呂)가 고묘(光明) 황후의 황후궁직을 고친 자미중대(紫微中臺) 의 장관인 자비령(紫微令)으로 취임했다. 나카마로(仲麻呂)는 이 지위 를 발판으로 권력을 강화해 가게 된다. 그 후 758(天平寶字2)년 8월에 고켄(孝謙) 천황은 도네리친왕(舍人親王)의 아들이고 덴무(天武) 천황의 손자인 오오이왕(大炊王)에게 양위하여 준인(淳仁) 천황이 탄생했다. 오오이왕(大炊王)은 나카마로(仲麻呂)가 죽은 아들 마요리(眞從)의 처와 결혼하게 해서 그 저택인 전촌제(田村第)에서 살게 했듯이 나카마로 (仲麻呂)와 밀접한 관계를 가진 사람이었다. 준인(淳仁)이 즉위함에 따 라 나카마로(仲麻呂)는 대보(大保)가 되어 후지와라에미아손오시카쓰 (藤原惠美朝臣押勝)라는 이름을 하사받았다. 대보(大保)라는 건 관명 당 풍화 실시에 따라 우대신(右大臣)을 개칭한 것이다. 그의 권세는 더 강 화되었다.

그러나 760년 6월에 고묘(光明) 황태후가 돌아가자 분위기가 바뀌 고 다음 해 10월에 헤이조큐(平城宮) 개축에 따라 천황·상황이 오오 미국(近江國)에 있는 호라노미야(保良宮)에 행차하는 시기에 병을 고친 승려 도쿄(道鏡)를 고켄(孝謙) 상황이 총애하게 되자 그것을 비판하는 준인(淳仁) 과의 사이에 대립이 생기고 다음 해 762년 5월에 헤이조 큐(平城宮)에 돌아갔을 때 천황은 중궁원(中宮院. 내리(內裏))에 들어갔 지만 상황은 궁 동쪽에 인접하는 홋케지(法華寺)로 들어가는 사태에

이르렀다. 오시카쓰(押勝)의 권세에 암운이 끼기
시작한 것이다.

'대선직(大膳職)'으로의 청구

그러한 상황에서 상황(上皇)이 있는 홋케지(法
華寺)에서 궁 안의 대선직에 팥·장·식초·말장을
청구하는 다음 목간이 출토되었다.

㉖(앞)·「寺請 小豆一斗 醬一□五升 大床所醋 末醬等」
　　　　　　　　　　　　　　　　　〔斗?〕
㉖(뒤)·「右四種物竹波命婦御所　　　三月六日　　　」

여기에 보이는 '쓰쿠바노묘부(竹波命婦)'는 뒤
에 고켄(孝謙) 상황이 중조(重祚)한 쇼토쿠(稱德)
천황한테 식사계 여관인 장선(掌膳)으로 모시게
되는 히타치국(常陸國) 쓰쿠바군(筑波郡) 출신의
미부노스쿠네오야카누시메(壬生宿祢小家主女)를
뜻한다. 그녀는 쓰쿠바노우네메(筑波采女)라고도 불리는데 竹波는 筑
波의 다른 표기다. 오야카누시메(小家主女)는 아마 고켄(孝謙) 천황 시
대부터 천황을 모셔 왔고 상황이 홋케지(法華寺)에 들어갔을 때도 이
에 동행하여 상황이 필요로 하는 식료를 조정의 식선을 담당하는 대
선직에 청구한 것이다.

이 목간이야말로 앞서 말한 1961년 헤이조큐(平城宮) 터에서 처음

으로 발견된 제1호 목간이다. 지금 '대선직에 청구했다'고 했는데 그건 이 목간에서 바로 확인된 것은 아니며, 이를 포함한 40점 목간에 기록된 내용 전체에서 그것들이 대선직에서 폐기되었던 것으로 추정된 것이다. 이러한 첫 번째 작업을 통해 대극전 북쪽에 나라시대 후반에 이르러 대선직이 설치되었다는 것을 알 수 있게 된 것이다.

난의 전말

그런데 고켄(孝謙) 상황이 머지않아 준인(淳仁) 천황의 정치 실권을 뺏는다고 선언하자 차차 궁지에 몰리게 된 에미노오시카쓰(惠美押勝)는 결국 764(天平寶字8)년 9월에 쿠데타를 일으켰으나 오오미국(近江國)에서 패배하여 죽었다. 준인(淳仁) 천황은 천황위에서 물러나 아와지(淡路)로 유배되어 고켄(孝謙) 상황이 천황위에 다시 올랐다. 쇼토쿠(稱德) 천황이다. 이 에미노오시카쓰(惠美押勝)의 난에 관계된 목간도 헤이조큐(平城宮) 동남쪽 모퉁이에 해당하는 식부성(式部省) 터에서 출토되었다.

⑧ 仲万呂支儻除名

⑨　　□　□　□　　　　□
　　□不弟申送省判依仲麻呂支儻除□
　　〔從?〕

식부성은 문관의 인사를 담당하는 관청으로 여기서는 관인의 고과(考課. 근무평가)나 서위(敍位)에 관한 목간이 대량으로 출토되었다. 거기가 식부성 터라고 알 수 있었던 것도 목간 덕분이다. 위 2점은 다

삭설이므로 전체 내용을 알 수는 없지만, 후지와라노나카마로(藤原仲麻呂) 쪽에 선 관인들이 '제명(除名. 그 때까지 받은 관위를 다 박탈되는 형벌)'된 것을 말해 주는 것이다.

3 되살아나는 도성의 모습

헤이조쿄(平城京)와 교역

헤이조쿄(平城京)에는 좌·우경 8조에 각각 동시(東市)와 서시(西市)라는 관영 시장이 설치되었다. 거기에는 점포를 소유해서 경영하는 상인인 시인(市人) 이외에도 점포를 가지지 못하는 행상인들도 많이 모여서 매일 번성했다. 헤이조큐(平城宮) 터에서 출토된 다음 목간은 絁(비단) 점포 사람인 '하토리베노마요시(服部眞吉)'가 동시에서 교역한 돈을 센 것을 뜻한다.

⑩(앞)·「〔市?〕∨東□交易錢計絁廛人服部

　(뒤)·「∨眞吉

廛은 '이치쿠라'라고 읽어 점포를 뜻한다. 아마 어떤 관사가 絁를 동시에서 팔도록 점포를 경영하는 마요시(眞吉)에게 부탁했고 그 매상을 그가 가져온 것을 의미할 것이고, 목간은 돈에 매달린 부찰이다. 이것이 헤이조쿄(平城京)의 시인(市人)의 이름을 알 수 있는 유일한 사례다.

동·서시는 경 안의 교역 중심지였으므로 이조대로 목간에도 두 시에서 물자를 사들인 것을 뜻하는 목간이 포함되어 있는데 나가야왕가(長屋王家) 목간에는 다음과 같은 주목할 만한 목간이 있다.

⑪(앞)·「∨十一月四日店物 飯九十九筥 別筥一文
直九十九文 」

(뒤)·「∨酒五斗直五十文 別升一文
右錢一百卌九文 」

11월 5·6·8일의 날짜가 있는 유사한 내용의 목간도 출토되었다. 위 4일 목간에는 '店物'인 한 筥(용기) 1문의 밥 99筥분의 99문과, 1승 1문의 술 5두 분량의 50문의 돈 총 149문으로 나오고, 역시 하나로 묶은 돈에 매달린 부찰이다. '店'은 현재 일본어로 '미세'라고 읽는데 당시에는 아직 그 말이 없었다. 가마쿠라(鎌倉)시대 이후에 '미세타나'라고 읽게 되었고 그것이 '미세'로 변한 것이다. 나라(奈良)시대에는 '廛'와 같이 '이치쿠라'라고 읽었을 것이다. 문제는 그 돈이 밥과 술을 사기 위한 것이었는지, 반대로 매상이었는지는 알 수 없는데 왕가는 광대한 미타(御田. 논)를 영유하고 있어 많은 쌀을 수확할 수 있었다는 것, 또 다른 목간에서 집 안에 '미키카미도코로(御酒釀所)'라는 술 담그는 시설이 갖춰져 있었기 때문에 매상으로 생각할 수밖에 없다. 즉 나가야왕가(長屋王家)는 밥과 술을 파는 점포를 경영하고 있었던 것이다.

그런데 영의 규정(잡령(雜令) 황친조(皇親條))에 따르면 황친(황족)이나 5위 이상의 귀족은 시에 이치쿠라(점포)를 가지는 것이 금지되어 있었다. 나가야왕가(長屋王家) 목간은 710년대의 것인데, 왕은 당시 종3위 혹은 정3위이면서 동시에 황친이었으니 당연히 이 규정에 어긋난다. 이 점으로 봐서 이 점포는 동·서시 이외의 지역에 있었다고 봐야 할 것이고, 또 '西店'이라고 쓴 목간도 있으니 경 안에서도 왕가 서쪽에 있었다고 생각할 수 있다. 경 안에 동·서시 이외 지역에 점포가 있었을 가능성은 이 목간을 통해 처음으로 밝혀진 사실이다.

'이소(二所)의 조정(朝庭)'

간무(桓武) 천황은 784(延曆3)년에 나가오카쿄(長岡京)로, 10년 후인 794년에는 헤이안쿄(平安京)로 천도했다. 오랫동안 도성이 있었던 야마토(大和)에서 야마시로국(山背, 山城國)으로 천도한 배경에는 아버지인 고닌(光仁) 천황의 즉위가 있었다. '임신의 난'으로 승리한 덴무(天武) 천황 이래로 오랫동안 덴무(天武)의 혈통을 계승한 천왕이 이어졌지만 고닌(光仁)은 약 100년 만에 탄생한 덴지(天智) 천황계 천황이다. 이 사실을 하나의 혁명으로 생각한 간무(桓武)가 새로 덴지(天智)계 천황의 도성을 조영할 장소로 고른 것이 야마시로국(山背國)이었다.

한편 천도된 후의 헤이조쿄(平城京)인데, 간무(桓武) 천황의 맏아들로 그 뒤를 이은 헤이제이(平城) 천황이 겨우 3년 만인 809(大同4)년 병으로 동생인 사가(嵯峨) 천황에게 양위한 후 요양하기 위해 헤이조큐(平城宮)로 가서 살게 되면서 그곳을 상황의 궁으로 정하였다. 그래서 관사 중에 인원을 나눠서 헤이조큐(平城宮)에 있는 상황의 거처로 파견하는 데도 있었고, 헤이안큐(平安宮)와 더불어 '이소(二所)의 조정(朝庭)'으로 불리게 되는 사태가 벌어졌다. 그런데 810(大同5, 弘仁원)년에 상황이 건강을 회복하는 한편, 사가(嵯峨) 천황이 병에 걸리자 상황은 헤이조(平城) 천도를 선언했다. 이는 상황을 교사했다고 알려진 후지와라노구스코(藤原藥子)의 이름을 따서 '구스코(藥子)의 변'이라고 불리는데, 상황이 일으킨 쿠데타라고 할 수 있는 사건이다.

그런데 이는 쉽게 진압되어 상황은 출가하고 그 후 헤이조큐(平城宮)에서 계속 생활했다. '이소(二所)의 조정(朝庭)' 상태는 상황이 사망한 824(天長원)년까지 계속되었다. 헤이조큐(平城宮)는 이를테면 상황의 도성으로 되살아나고, 헤이조쿄(平城京)도 야마토국(大和國)으로 개편되지 않아 경으로 취급되는 시기가 한동안 이어진 것 같다.

고지찰(告知札)에서

그런 시절의 목간이 헤이조쿄(平城京) 좌경 1조3방의 동쪽에 있는 동삼방대로(東三坊大路) 동쪽 도랑에서 출토되었다. 헤이조쿄(平城京) 북단에 가까운 자리이다.

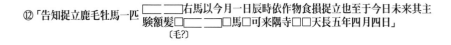

⑫ 「告知捉立鹿毛牡馬一匹 □□右馬以今月一日辰時依作物食損捉立也至于今日未来其主
驗額髪□□ □□馬□可来隅寺□□天長五年四月四日」
〔毛?〕

작물을 들쑤셔 먹는 鹿毛(다갈색)의 말을 잡았으니 그 주인은 스미데라(隅寺)까지 오라고 알리는 목간이다. 스미데라(隅寺)는 출토된 장소에서 서쪽으로 약 500m에 있다. 하단을 뾰족하게 만들고 길이가 1m 이상이나 되어 길가에 세워서 오가는 사람들한테 보이는 목간이다. 이러한 목간을 고지찰(告知札)이라고 한다. '天長五年'은 상황이 죽은 지 4년 후에 해당한다.

함께 출토된 고지찰은 '往還諸人'에게 야마시나데라(山階寺) 남쪽 화원 연못가에서 도망친 말을 보거나 잡은 사람은 야마시나데라(山階寺) 승방인 중실(中室) 남쪽에서 3번째 방으로 알려달라고 하고 있다. 야마시나데라(山階寺)는 고후쿠지(興福寺)의 별칭이며, 그 연못이란 현재의 사루사와이케(猿澤池)를 가리킨다.

⑬「告知　往還諸人走失黑鹿毛牡馬一匹 在驗片目白
　　　　　　　　　　　　　　　　　　 額少白

件馬以今月六日申時山階寺南花薗池辺而走失也　九月八日
若有見捉者可告來山階寺中室自南端第三房之　　　　　」

고지찰은 총 4점 출토되었고 모두 헤이안(平安)시대 초기의 것으로 추정된다. 이들 고지찰이 동삼방대로에 세워져 있었던 건 천도된 후에도 동삼방대로를 지나서

⑬

옛 경내에서 북쪽으로 야마시로국(山背國)이나 헤이안쿄(平安京)로 가는 교통이 많았음을 의미한다. 이 사실은 나아가 당시 헤이조(平城) 옛 도성이 아직 그 여세를 유지하고 있었다는 것을 뜻한다. 위 2점이 다 사원·승려가 관련된 점도 그 후 옛 도성의 성격을 파악하는데 흥미를 더한다.

이상 궁도에서 출토된 목간을 통해 헤이조쿄(平城京)로 천도하는 게 일찍 실현할 수 있었던 사정, 헤이조쿄(平城京) 경관과 동서시 등에서의 교역 상황, 나가야왕(長屋王) 저택과 고묘(光明) 황후궁과의 관계, 쇼무(聖武) 천황에 의한 대불조영과 관련한 고묘(光明) 황후의 관여, 나라(奈良)시대 후반의 정치적 대립과 관련되는 상황, 그리고 나가오카쿄(長岡京)·헤이안쿄(平安京) 천도 후의 헤이조(平城) 옛 도성의 교통 양상 등을 복원해 왔다. 나가야왕(長屋王) 저택과 고묘(光明) 황후궁의 장소 특정, 전자에서 후자로의 변화 등 목간으로『續日本紀』가 말하지 않은 나라(奈良)시대사의 움직임이 밝혀짐과 동시에 헤이조큐(平城宮) 안의 대선직이나 식부성 등 관사의 위치나 여러 관사 운영의 모습 등 역사의 세부도 밝혀져 목간이 가진 역할이 얼마나 큰지를 알 수 있다. 목간이 없었다면 이렇게 다양한 헤이조쿄(平城京)의 모습을 그릴 수 있었을까.

상류 귀족의 생활상

모리 기미유키(森公章)

그림1. 長屋王家木簡

나가야왕가(長屋王家) 목간의 발견

1988년 8월말 헤이조쿄(平城京) 터 좌경 3조 2 방 1·2·7·8평 발굴지 남북 구상 토갱에서 약 3만 5000점이나 되는 엄청난 목간군이 출토되었다. 여기는 헤이조큐(平城宮) 동남부에 근접하는 일급지이며 4町(坪)이 차지하는 면적은 약 6만㎡이어서 상류 귀족이 살았다고 예상되었다. 목간 중에는 '長屋 親王宮鮑大贄十編'(그림1)이라는 기재가 있었고, 여러 논의 끝에 이 저택은 729(天平원)년에 '나가야왕 (長屋王)의 변'에서 자살한 황족 정치인 나가야왕(長 屋王)과 관련된 것으로 밝혀졌다. 헤이조쿄(平城京) 안에서는 발굴 조사로 저택 주인이 밝혀진 매우 드문 사례로 목간군은 '나가야왕가(長屋王家) 목간'으로 명명되었다.

나가야왕(長屋王)은 덴무(天武) 천황의 손자이자 아버지는 다케치(高市) 황자, 어머니는 덴지(天智) 천황의 딸인 미나베(御名部) 황녀(지토(持統)·겐메이(元明) 여제와 자매).
다케치(高市) 황자는 672년의 '임신의 난'에서 크게 활약했지만 어머
니가 지쿠젠극(筑前國) 무나카타군(宗像郡)의 지방 호족 출신이었기 때
문에 가장 나이 많은 아들이면서도 황태자가 되지 못했다. 다만 황태
자 구사카배(草壁) 황자가 죽은 뒤에는 태정대신(太政大臣)으로서 지토
(持統) 천황의 정치를 보좌하여 '노치노미코노미코토(後皇子尊)'로 불
렸다.

나가야왕(長屋王)은 676(天武5)년생으로 구사카배(草壁) 황자와 겐메
이(元明) 천황의 딸 기비(吉備) 내친왕과 결혼했다. 그녀의 형제는 몬
무(文武) 천황, 겐세이(元正) 천황이 있다. 율령체제를 만든 후지와라
노후히토(藤原不比等)의 딸도 부인의 한 명이어서 나가야왕가(長屋王
家)는 황족 중에서도 최고 혈통을 자랑하는 화려한 가문이었다.

나가야왕가(長屋王家) 목간의 개요

상류 귀족의 생활에 대한 자료는 율령 조문에 규정된 가정기관(家
政機關)의 인원수나 위록(位祿)·위전(位田)·봉호(封戶) 등 율령 관인적
인 급부액의 많고 적음 등을 참고할 수 있는 정도에 불과했지만, 나
가야왕가(長屋王家) 목간의 연대는 710(和銅3)~717(靈龜3·養老원)년으
로 사료가 적은 나라(奈良)시대 초기의 것이고, 또 역시 알 수 없는 부
분이 많았던 가정 운영에 관련된 정보, 목간을 통해 상류 귀족의 생
활상을 알 수 있다는 매력을 가졌다.

나가야왕가(長屋王家) 목간 중에는 저택 안팎에 쌀 등을 지급할 때

기능한 것으로 추정되는 목간이 많이 포함되어 있었다. 이들은 [인명·부서명·역직명 등 지급대상+물품명, 수량+'受'(=授)某+월일+출납 책임자]라는 서식으로 저택 내 거주자나 가정에 관한 부서·역직명 복원에 이용할 수 있다(표1). 그리고 각종 문서목간, 물품 진상장(進上狀), 하찰목간 등도 많아 저택 안팎의 기관에서 문서를 주고받는 가정 사무 수행의 모습, 식재 조달 방법 등을 알 수 있다.

②는 나가야왕가(長屋王家)에서 자양을 위해 우유를 마셨다는 것을 알 수 있고, ③은 기내 근교 영지에서 무 등 계절 생선 채소가, ④는 예를 들어 소금 같은 전국 각지의 명산품이 이 저택에 들어왔다는 것을 알 수 있다.

①(앞)·「○ 内親王御所進米一升　　　　」

　(뒤)·「○ 受 小長谷吉備　書吏
　　　　　　 十月十四日　　　　　　　」

②(앞)·「牛乳持參人米七合五夕 受丙万呂九月十五日 ○」
　(뒤)·「　　　大嶋書吏　　　　　　　　　○」

③(앞)·「山背薗司　進上　大根四束 遣諸月
　　　　　　　　　　　　交菜二斗　　　　　」

　(뒤)·「　和銅七年十二月四日　　大人　　　」

표 1. 나가야왕가(長屋王家)의 가정기관의 개요(1)

	부서명	직역·직인명	비고
저택내	長屋王家令所 政所, 務所·奈良務所, 司所	家令·書吏 御所人·侍從·政人·司人 帳內·少子	中樞機關
	帳內司	帳內	帳內 管理
	主殿寮(司), 机立司, 大炊寮(司), 膳司, 菜司, 酒司, 御酒釀所, 主水司·水取司, 氷司, 縫殿, 染司, 綿作所	仕丁·厮, 女, 雇人, 採松, 油持, 膳部, 荷持	衣食住關係
	工司, 御鞍具作所, 鑄物所, 鏤盤所, 銅造所, 嶋造司	工, 背替縫·褥縫·羈縫·御鞍具人, 鑄物師, 銅造, 須保弖·沓縫·薦縫·革油高家·沓敷·藁刺帳內, 轜轀師, 氣作, 鍛冶, 土塗, 椅作工, 琴作工, 金漆人, 銀銅打, 要帶師, 奈閉作, 土師女, 物作人, 御弓造兵舍人, 矢作, 大刀造, 籠作衛士, 御垣塞, 散位寮, 仕丁·厮, 雇人	手工業·造営關係
	書法所	經師, 紙師, 秩師, 秩作帳內, 造生, 裝潢, 書法模人·書寫人, 文校帳內, 畵部·畵師, 畵寫人, 障子作畵師, 障子作人, 雇人	寫經·繪畵 關係
	佛造司, 齋會司	佛造帳內, 厮, 僧·舍彌, 尼	宗敎關係
	藥師處	醫, 女醫	醫藥關係
	馬司·馬寮, 犬司, 鶴司	馬作醫, 馬甘, 馬曳, 仕丁, 雇人, 少子	動物 管理
	稅司	津·伊勢·武蔵·下総·出雲稅司	財政關係
		衛士, 狛人·新羅人·百濟人·隼人, 仕丁·厮, 雇人, 奴·婢	

④「∨周防國大嶋郡屋代里田部養御調鹽三斗」

　기타 여름에는 빙고(氷室)에서 얼음을 조달하고 '加須津毛瓜'(술지
게미로 담근 오이) 등 절임채소도 먹은 것으로 보여 다양한 식생활의
일단도 알 수 있었다.

가정(家政) 운영의 모습

　표1에 정리했듯이 말·개·학 등 동물을 키우는 '도코로(所)' 등 가정
을 구성한 부서가 이만큼 구체적으로 드러나 있는 사료는 헤이안(平
安)시대 귀족의 일기를 포함하더라도 따로 없다. ①②에는 구멍이 뚫
려있어 목간 몇 개를 끈으로 묶어 보관한 사무처리 방식 등도 알 수
있다. 또 가정에 종사하는 사람들의 근무 상황·평정(評定)에 관한 목
간도 출토되었다.

⑤(앞)·「木上司等十一月日數進　新田部形見　日廿七　夕廿一　秦廣嶋　日卅　夕廿七
　　　　　　　　　　　　　　　忍海安万呂　日卅　夕廿六　　　　　　　　　　　　　」

(뒤)·「　十一月卅日　　　　　　　　　　　　　　　　　　　　　　　　　　　　」

　〔无?〕
⑥□位出雲臣安麻呂　年廿九　　　上日　日三百廿　　　　『并五百五』」
　　　　　　　　　山背國乙当郡　　　　　夕百八十五

　⑤는 11월 한 달에 '27일'이나 '30일' 일을 했듯 거의 매일 근무하
는 맹렬한 모습을 보여줌과 동시에 11월 30일이라는 날짜에 주목하
면 매월 1일에 있는 고사쿠(告朔) 행사를 위해 준비한 문서 작성을 알

수 있다. 고사쿠(告朔)에서는 각인의 근무 일수나 물품 출납 상황 등 여러 사무 보고를 했다. 목간에는 '縫殿神祭' '柱立所祭' 등의 행사도 기록되어 있어 가정 운영의 여러 행사와 그 역할도 주목된다.

근무 일수에 관해서는 ⑥과 같은 1년분 또는 위계 상승에 필요한 규정 몇 년분을 합계한 목간이 작성되었으며, 이 시스템은 헤이조큐(平城宮) 터에서 출토된 나라(奈良)시대 고선(考選) 목간과 같았다. 가정에서도 국정을 본받은 인사 평가를 실시했는데, 이는 율령제 운영 실태를 파악할 때 참조된다.

전장(田庄)과 봉호(封戶)의 경영

다음으로 눈을 저택 밖의 부서로 돌리면(표2) 기내에는 미타(御田)·미소노(御薗)라고 하는 토지가 있었다. 이는 『萬葉集』 등에서는 다도코로(田庄)라고 하는 것이다. 이들은 나가야왕(長屋王)의 위전(位田)·직전(職田) 등 율령제에 의한 급부가 아니라 아버지인 다케치(高市) 황자 이후 사적인 재산으로 계승된 것일 가능성이 크다. 이러한 대토지 소유가 율령제에도 존속되고 있었다는 건 사사(寺社) 등의 사례에서도 엿볼 수 있어 율령제 토지 소유, 경영의 모습을 재검토하는 자료가 된다.

⑦(앞)·「片岡進上蓮葉卅枚 持人都夫良女　　○」
　(뒤)·「御薗作人功事急々受給　六月二日眞人○」
⑧(앞)·「當月廿一日御田苅竟　大御飯米倉 古稻」
　(뒤)·「移依而不得収 故卿等急下坐宜　　　」

8

미타(御田)·미소노(御薗)의 경영 방식은 나가야왕가(長屋王家)에서 파견된 관리자나 노비를 중심으로 하고 실제 경영은 주변 사람들을 고용하는 형태의 직접 경영이었다.

⑦뒷면에는 '功'(급료)을 빨리 지급해 달라고 의뢰하고 있어 모내기를 위한 인원 확보에 분주한 모습을 방불케 한다. 또 ⑧에서는 벼 수납 등 일상적인 운영에 관한 지시를 나가야왕가(長屋王家)에 요청하고 있는 상황을 알 수 있다.

저택 밖과 가정과의 관계로는 상류 귀족에 지급되는 봉호 경영 방식에도 주목하고 싶다.

　　　　　　　　　　　〔四?〕
⑨(앞)·「『伊勢税司』進交易海藻十□斤滑海藻三百村□

　(뒤)·「□錢五十三文遺布六常　和銅七年六月廿□日□□連大田
　　　　　　　　　　　　　　　　　〔二?〕

⑩「∨宗形郡大領鯛醬」

⑨의 세사(税司)는 봉물(封物) 교역 등에 종사하는 직역으로 추정되며 봉주와 지방을 연결하는 존재가 떠오른다. ⑨에서는 나가야왕가(長屋王家)의 세사(税司)가 해초 교역이나 전·포 잔액 계산을 보고하고 있어 국가가 지급한 율령적 급여 중에도 가정의 직접적인 관여가 미쳤다는 알 수 있다. 또 ⑩은 나가야왕(長屋王)의 할머니 본가인 무나카타 군사(宗像郡司)와의 관계를 보여주는 것이며 상류 귀족은 각 지방

호족과도 관계를 유지했다. 이것도 후지와라 씨(藤原氏) 일변도가 아닌 나라(奈良)시대 권력 구성에 크게 작용했다.

표 2. 나가야왕가(長屋王家)의 가정기관의 개요(2)

	부서명	직역·장인명	비고
西宮	內親王御所·吉備內親 王宮, 安倍大刀自御所, 石川夫人御所	西宮少子, 御湯曳人, 乳母, 若翁少子, 帳內, 博士	妻妾·子女의 居所
저택내	(高市皇子의 香具山之宮을 계승한 機關)	家令, 扶, 從, 大·少書吏	
	狛御田司/宇太御□, 片岡司, 木上司·木上御馬司, 佐保, 都祁司·都祁宮·都祁氷室, 廣瀬, 耳梨御田司, 矢口司, 丹波杣/大庭御薗, 澁川御田, 高安御薗司, 山背御薗司/山口御田司, 山處, 炭燒處	(각 부서마다 관리자가 있음) 仕丁·厮, 雇人, 作人, 藝人, 奴·婢	御田·御薗의 管理
	(荷札木簡에 보이는 國郡名) 大和·葛上, 山邊/山背·葛野, 紀伊, 相楽/河內·古市/攝津·住吉/伊勢·桑名, 朝明, 河曲, 安濃·志摩·志摩/尾張·愛知, 知多/參河·飽海/遠江·石田/伊豆·賀茂/相模·高座/武蔵·策覃/上総·阿幡, 武昌/下総·印波, 相馬/近江·蒲生, 依知, 犬上, 坂田, 淺井, 高島/美濃·厚見, 片縣/若狭·遠敷, 三方/越前·敦賀, 丹生, 足羽, 坂井, 江沼/越中·栃波/越後·丹波·桑田, 氷上, 味田, 何鹿/丹後/但馬·阿相, 美含/因幡·高草/出雲·大原/隠岐·海部, 周吉, 隠地/播磨·賀茂, 美囊/美作·英多, 大庭, 眞島/備前·津高/備中·小田/備後·葦田/周防·大島, 吉敷/紀伊·名草, 安諦, 无漏/阿波·麻植, 那賀/讚岐·山田, 阿野, 鵜足, 多度/伊豫·越智, 和氣, 温泉/筑前·宗像		

처첩동거(妻妾同居)의 거주 형태

상류 귀족의 생활상을 복원하는 재료로서의 나가야왕가(長屋王家) 목간은 이 이외에도 많은 논점을 제공하는데 마지막으로 저택 안의 거주 형태도 언급하고 싶다. 나가야왕(長屋王)의 처첩 중 쌀 지급 목간이나 '나가야왕(長屋王)의 변' 때의 자해자(『續日本紀』 天平원년 2월 계유조) 등을 보면 ①목간에 등장하는 기비(吉備) 내친왕이나 아베대도자(安倍大刀自)·이시카와(石川) 부인 등 아배 씨(安倍氏)·이시카와(石川; 소가(蘇我)) 씨 출신의 처들, 즉 후지와라노후히토(藤原不比等)의 딸 이외의 처첩·자녀는 나가야왕(長屋王) 저택에 살고 있었다고 생각할 수밖에 없다. 상류 귀족·왕족에는 이런 처첩동거 형태로 생각되는 사례도 있어 이 계급 사람들의 가족 구성·거주형태를 이해하는 데 흥미롭고 종래 혼인사(婚姻史)와의 대조가 필요할 것이다.

또 헤이안(平安)시대가 되면 귀족의 처는 신덴주쿠리(寢殿造)의 북방 구획에 거주하여 기타노카타(北方), 기타노만도코로(北政所) 등으로 불리게 된다. 하지만 기타 사례도 나라(奈良)시대 처들은 저택 서부에 거주하고 있었던 것을 알 수 있어서 나가야왕(長屋王) 처자들은 목간에 보이는 '西宮'이라는 저택 서부 구획에 살았다고 생각된다. 이렇듯 나라(奈良)시대와 헤이안(平安)시대의 차이를 파악할 수 있다는 것 또한 중요한 발견이다.

'지하의『萬葉集』'은 무엇을 말할까

사카에하라 도와오(榮原永遠男)

잇따른 출토

2008년은 실로 우연이 겹친 한 해였다. 먼저 5월 22일에 고가시(甲賀市)교육위원회가 시가현(滋賀縣) 시가라키노미야(紫香樂宮) 터(미야마치(宮町)유적)에서 이전에 출토되었던 목간 뒷면에 '아사카야마의 와카'가 적혀 있었던 것을 발표했다(그림1). '아사카야마의 와가'란『萬葉集』에 있는 '安積山影さへ見ゆる山の井の浅き心を我が思はなくに'(권16-3807)이다. '나니와쓰의 와카'라고 불리는 '難波津に咲くやこの花冬ごもり今は春べと咲くやこの花'와 함께『古今和歌集』의 '가나조(假名序)'에서 '와카의 부모'라고 해서 글을 공부하기 시작할 때 사용된 것으로 알려져 있다. 이러한『萬葉集』의 와카와 같은 와카가 적혀 있

그림1. 시가라키노미야(紫香樂宮)터에서 출토된 목간의 적외선 사진, 뒷면(좌측)에 '아사카야마의 노래'일부가 쓰여져 있다.

는 목간이 출토된 건 처음이라서 여러 분야에서 반향이 컸다.

　그 흥분이 채 식지 않은 10월 17일에 역시 뒤에 『萬葉集』에 수록되는 와카의 일부가 새겨진 목간이 나라현(奈良縣) 이시가미(石神) 유적에서 이미 출토되었던 것이 보도되었다. 무엇보다도 그 목간의 연대가 『萬葉集』 성립보다 훨씬 올라가는 7세기 후반이라는 사실이 놀라웠다. 그리고 그 직후인 10월 22일, 이번에는 교토부(京都府)매장문화재조사연구센터가 교토부(京都府) 기즈가와시(木津川市) 바바미나미(馬場南) 유적에서 출토된 목간을 발표했다. 이 목간에 쓰인 와카도 『萬葉集』과 같은 와카였다.

　위와 같이 2008년에는 잇따라 3점이나 『萬葉集』과 관련된 목간의 존재가 알려지게 된 것이다. 이 해는 그때까지 별개의 존재였던 목간의 세계와 『萬葉集』의 세계가 처음으로 만나게 된 주목해야 할 해였다.

가목간(歌木簡)이란 무엇인가

　그런데 나는 그 전 해인 2007년 목간 속에 와카 1수 전체를 쓰기 위한 목간 즉 '가목간(歌木簡)'이라는 유형이 있다고 제안했었다. 가목간(歌木簡)은 길이 2척(약 60cm) 이상의 장대한 목재의 한 면에 '만요가나(萬葉假名)'로 1행으로 와카를 쓰는 형식의 전형적인 것(A형)과 이보다 짧거나 2행으로 쓰거나 뒷면으로 이어 쓰는 것 등 이와 다른 것 (B형)이 있다고 생각했다.

　이것을 위에서 말한 3점 목간과 비교해 보면 시가라키노미야(紫香樂宮) 터와 바바미나미(馬場南) 유적의 목간은 현재 상태로는 파손되어 일부밖에 남아 있지 않지만 원래 형태는 모두 A형의 전형적인 가목간(歌木簡)으로 볼 수 있겠고, 앞에서 본 이시가미(石神) 유적의 목간은 와카 1수 전체를 쓰려고 하지 않았던 게 확실하므로 가목간(歌木簡)이라고 할 수 없다(그런데 이시가미(石神) 유적에서는 이와는 별도로 가목간(歌木簡)이라고 할 수 있는 목간도 출토되었다. 후술). 이렇듯 목간에 와카를 쓴다고 해도 와카 일부만 쓰려고 했던 것과 와카 전체를 쓰려는 목적을 가진 경우가 있어 후자를 가목간(歌木簡)이라고 부르자는 것이었다.

현재 가목간(歌木簡)으로 인정되는 건 북으로는 아키타성(秋田城) 터에서부터 서로는 도쿠시마현(德島縣)의 간논지(觀音寺) 유적에 이르기까지 전국에서 16점이 출토되었다. 먼저 그 일람을 제시하려 한다(각각 출토된 유적 뒤의 ( ) 안에 소재지와 추정 길이, 그다음에 먼저 쓴 제1차면의 내용과 제2차면이 있는 경우에는 그 내용을 제시한다.

A형
①전기 나니와노미야(難波宮) 터(오사카(大阪)·약 2척) はるくさのは
じめのとし
②이시가미(石神) 유적(나라(奈良)·약 2척) なにはつにさくやこのはな
③헤이조큐(平城宮) 터(나라(奈良)·약 2척) ふいこ冊りいま役春べとさこやこのはな/(제2차면)こやこのはなふゆこ□りいまははるべと

④시가라키노미야(紫香樂宮) 터(시가(滋賀)·약 2척) なにはつに…く

やこのは…ゆこも/제2차면　あさかや…るやま

⑤바바미나미(馬場南) 유적(교토(京都)·약 2척) あきはぎのしたはも

みち

⑥헤이조큐(平城宮) 터(나라(奈良)·약 2척반) 目も見ずあるほれ木(?)

が言を繁みかも宮の内離れ/(제2차면)なに

⑦니시가와라미야노우치(西河原宮ノ内) 유적(시가(滋賀)·약 2척반)

なにはつにさ

⑧쓰지이(辻井) 유적(효고(兵庫)·약 2척) …はつにさくやこの…ふゆ

こもりい

⑨히가시키즈(東木津) 유적(도야마(富山)·약 2척) はるべとさくやこ

のは□

B형

⑩간논지(觀音寺) 유적(도쿠시마(德島)·1척 여~1척반 여) なにはつに

さくやこのはな

⑪아스카이케(飛鳥池) 유적(나라(奈良)·불명) とくとさだめてわ/(제2

차면)らくおもへば

⑫후지와라쿄(藤原京) 터(나라(奈良)·1척 여) なにはつにさくやこの

はなふゆこもりいまははるべとさくや…はな

⑬후지와라큐(藤原宮) 터(나라(奈良)·약 1척반) たたなづく

⑭헤이조큐(平城宮) 터(나라(奈良)·약 1척) 玉に有れば手にまきもちて

⑮헤이조큐(平城宮) 터(나라(奈良)·반척 여) あまるともうをみかかた
⑯아키타성(秋田城) 터(아키타(秋田)·약 1척 여) 春なればいまし…/
(제2차면)勤めよ妹はやく…とりあはし…

※ 2차적 정형이나 추가되는 이전의 상태를 제시한다. 원문은
만요가나(萬葉假名)이지만 히라가나로 표기했다. ③④는 제1차
면에 와카를 쓴 뒤에 제2차면에도 와카를 썼다. ⑥ 제2차면에는
'나니와쓰의 화가' 일부가 습서·낙서되었다. ⑪은 한 와카를 앞면
에서 뒷면으로 이어서 쓴 가능성이 있다.

이들을 일별하면 모두 만요가나로 썼다는 게 공통된다. 또 2척 이
상, 1면, 만요가나, 1행으로 쓰는 A형의 전형적인 가목간(歌木簡)이 반
이상인 9점(①~⑨)을 차지하며, 이것 말고도 일반적인 목간에 비하면
역시 대형이다. 이렇듯 대형 목간 한 면에 만요가나로 와카를 1행으
로 쓰는 게 널리 통용되었다는 지금까지 알려지지 않았던 사실이 밝
혀지게 되었다.

이것은 무엇을 의미하는 것일까. 나는 의식, 가연(歌宴) 등에 가목간
(歌木簡)을 가져가서 거기서 와카를 읊은 게 아닐까 생각한다. 특히 2
척 이상의 목재를 준비하고 한 면에는 와카를 쓴 건 크기가 특별한
것으로 봐도 단순한 연습이나 메모, 사적인 모임에는 어울리지 않는
다. 공적인 의미가 강한 자리에서 사용했을 것이다.

또 시기에도 주목하고 싶다. ①전기 나니와노미야(難波宮) 터 출토

'하루쿠사(はるくさ) 목간'이라는 것의 매몰 시기가 650년부터 크게 멀지 않은 시기로 한정할 수 있다는 것도 중요하다. 이로 인해 만요가나 표기는 덴무(天武)·지토(持統)조 경에 완성되었다고 하는 기존의 유력한 추정에는 상당한 의문이 생기면서 7세기 중엽까지 올라가는 게 명백해졌다.

'나니와쓰의 와카'

가목간(歌木簡) 16점 중 8점이 먼저 '나니와쓰의 와카'를 적는다(②③④⑦⑧⑨⑩⑫). 그 출토지역은 ②이시가미(石神) 유적·③헤이조큐(平城宮) 터·④시가라키노미야(紫香樂宮) 터·⑫후지와라쿄(藤原京) 터 등 정치적 중심지뿐만 아니라 ⑦니시가와라미야노우치(西河原宮ノ内) 유적·⑧쓰지이(辻井) 유적·⑨히가시즈(東木津) 유적·⑩간논지(觀音寺) 유적 등 지방에도 미쳤다. 또 목간의 시기는 ⑩의 7세기 후반부터 ⑨의 9세기 후반~10세기 전반에 걸쳤다.

이 8점 중 6점(②③④⑦⑧⑨)은 전형적인 A형 가목간(歌木簡)으로 추정되니 2척 이상의 장대한 목재 한 면에 만요가나로 1행으로 '나니와쓰의 화가'를 쓰는 풍습이 일본 각지에서 오랫동안 존재했었다는 건 이제 부정할 수 없다. 공적인 의식을 치르는 자리에서 '나니와쓰의 와카'를 쓴 가목간(歌木簡)을 손에 들고 읊은 게 아니었을까.

『萬葉集』 주변에

다음에 나머지 8점에 적혀 있는 와카에 주목하고 싶다. ⑤는 『萬葉集』 권10-2205번과 같은 와카의 일부이다. ⑬은 'たたなづく (다다나

즈쿠)'로 시작된다. 『萬葉集』에는 'たたなづく'로 시작하는 와카가 있으므로 그것과 같은 와키일 가능성이 없진 않지만 단정할 수 없다. ⑭'玉に有れば手にまきもちて'로 시작하는 목간에 대해서는 이 구절이 있는 와카가 『萬葉集』에 있는데 시작 부분이 아니라서 같은 와카라고 할 수 없다.

그래서 이 이외의 ①⑥⑪⑮⑯에 주목하고자 한다.

이들은 사용되는 말로 봐서 와카의 일부로 생각되는데 모두 현존하는 『萬葉集』에는 보이지 않는다. 즉 이들 목간은 『萬葉集』에 수록된 와카 이외에도 7~8세기에 여러 가지 와카가 있었다는 것을 밝힌 것이다. 『萬葉集』에 실린 와카가 모두 잘 만든 작품인지는 불문해도 수준 높은 와카가 수록될 확률은 높았을 것이다. 그러나 『萬葉集』 수준의 저변 혹은 주변에 많은 와카가 존재했었다는 것을 이들 목간을 통해 볼 수 있다. 『萬葉集』만이 7~8세기 와카의 세계가 아니라는 것이다.

지하에서 확장되는 와카의 세계

마지막으로 다시 ④시가라키노미야(紫香樂宮) 터 출토 목간을 언급하는 것으로 마무리 하고자 한다. 매몰 시기는 같은 유구에서 출토된 목간으로 744(天平16)년 말부터 745년 초쯤으로 생각되는데 이것이 의미하는 바는 중대하다.

첫째, 『萬葉集』 15권본은 745년 이후 몇 년 사이에 성립된 것으로 추정된다. 이 목간은 그보다 앞서기 때문에 '아사카야마의 와카'는

15권본을 베껴 쓴 게 아니다. 『萬葉集』 성립 이전에 이렇게 목간에 베껴 쓸 만큼 이 와카는 이미 민간에 유포된 것이 된다. 이 사실은 거꾸로 15권본 편찬을 위해 민간에 유포되고 있는 와카를 수집할 때도 있었다는 것을 뜻한다. 『萬葉集』 성립에 관해 생각할 수 있는 처음 발견된 외적 증거이다.

둘째, '나니와쓰의 와카'하고 '아사카야마의 와카'가 세트 관계로 있다는 건 멀리 후대의 『古今和歌集』 '가나조(假名序)'에서 처음 보이는 것이다. 그러나 ④목간은 그 세트 관계가 '가나조(假名序)'보다 단숨에 약 150년 올라가서 이미 있었다는 것을 어김없이 실증했다.

'지하의 와카 세계'의 문은 지금 막 열렸다. 가목간(歌木簡)이나 와카에 관련되는 목간은 앞으로 더욱더 7~8세기 와카 세계, 『萬葉集』과 그 주변·저변을 비춰 줄 것이다.

제3장

보이기 시작한 고대의 '열도'
- 지방에서 살던 사람들

보이기 시작한 고대의 '열도'
- 지방에서 살던 사람들

히라카와 미나미(平川南)

고대사는 문헌 사료가 한정되어 있으므로 특히 고대 지방 사회의 실태를 알기 어렵다. 그래서 전국 각지에서 발굴조사로 출토되는 방대한 문자자료의 검토가 중요하다. 그중에서도 지방 목간은 고대 사회의 모든 장면에서 활용되었다. 문헌 사료와 같이 이들 목간 자료 하나하나의 단편이 쌓여가는 것을 통해 거기서 확실한 역사가 보이기 시작할 것이다. 그래서 방대한 지방 목간 중에서 행정지배·군사·교통·신앙·생업에 관한 목간을 통해 고대 지방사회의 중요한 과제에 대해 재검토하려 한다.

1. 행정지배-문서·구두(口頭) 전달과 국사(國司) 의 존칭

금지령과 구두전달

중국 한대 『史記』 흉노열전의 기술은 문서와 구두의 관계에 관해 상징적으로 표현한 것이다.

> (흉노는) 물과 풀을 따라 이동하여 성곽이나 정해진 주거, 농경
> 은 없지만 각자가 가지는 땅은 있다. 문서는 없고 구두로 약속을
> 한다.

이 기술에 따르면 한인을 흉노와 나누는 특징은 성시(城市)에 정주하는 것과 농경 그리고 문서를 사용한 정치였다고 한다. 이러한 표현의 바탕에는 문서 전달이 구두전달보다 우월하다는 생각이 숨어 있다.

일본 고대국가는 율령을 도입하자 공문서에 의한 행정지배를 전국 각지에서 철저하게 하려고 했다. 종래 문서행정과 구두전달에 관해 구두부터 문서로 시계열적으로 변했다고 생각하거나 양자택일적인 관계로 보는 경우가 많았다. 그러나 천황을 정점으로 하는 조당원(朝堂院)·내리(內裏)에서 지방사회에 이르기까지 문서행정과 구두정무가 동시에 이뤄졌다고 생각해야 한다.

이시카와현(石川縣) 가호쿠군(河北郡) 쓰바타정(津幡町) 가모(加茂) 유적에서 출토된 목간(방시찰(牓示札))은 가호쿠가타(河北潟)로 흐르는 대구(大溝)와 호쿠리쿠도(北陸道)가 직교하는 주변에서 출토되었다(그림 1, 2). 그 크기는 현재 세로 23.3cm, 가로 61.3cm인데 상하 결실된 부분을 복원하면 세로 28~29cm, 가로 61.3cm가 되어 약 1척×2척의

정형화된 목찰이었다고 상정된다. 이 크기는 고대 종이 한 장의 크기인 세로 1척×가로 2척에 해당한다. 이는 종이에 적힌 문서를 그대로 게시하기 위해 목간에 베껴 쓴 것을 뜻한다.

'아침에는 인시(寅時; 오전 4시경)에 작업 나가 밤에는 술시(戌時; 오후 8시경)에 집에 들어올 것'으로 시작해서 생활에서 지켜야 할 8조가 적혀 있었다. 약 1160년 전 고대 마을 한 모퉁이에 세워진 '통지문'이다.

'농민이 제멋대로 물고기나 술을 먹는 것을 금지한다'라는 제2조와 '뽕나무밭이 없는 촌민은 양잠(養蠶)을 금지한다'라는

그림1 가호쿠가타(河北潟)·호쿠리쿠도(北陸道)와 고대 주요 유적

제6조는 이 방시찰을 상징하는 구절이다. 배후에 사회 변화와 동요가 보인다.

헤이안(平安)시대 초쯤부터 지방사회에서는 농업이나 상업 활동을 통해 큰 부를 축적한 유력자가 눈에 띄게 되었다. 이에 대해 국가는 율령 지배 체제를 유지하기 위해 새로운 움직임을 금지하는 법령을

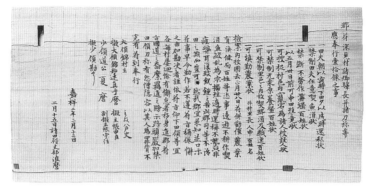

그림2 이시카와현(石川縣) 쓰바타정(津幡町) 가모(加茂) 유적 출토 방시찰(牓示札)(복원)

자주 발동했다.

부자들이 모내기 등을 할 때 물고기나 술을 마련해서 일하는 농민을 끌어 모으기 때문에 가난한 자는 자기 논에 모내기도 못 하는 게 사회문제가 되었다. 한편 대륙에서 들어온 양잠은 막대한 부를 만들어냈다. 양잠을 위해 뽕나무를 사재기하는 부호가 등장해서 가난한 농민들은 뽕나무를 팔고 부호의 '직물공장'에서 일하는 노동력이 되어 버린 일도 일어났다.

목간에 보이는 '符國道之裔糜羈 進之牓示路頭(符를 나라의 길가에 糜羈(게시?)하여 이를 路頭에 牓示한다'라는 내용은 방시찰을 길에 게시한 사실을 말한다. 즉 이 방시찰(牓示札)은 출토지점에서 가까운 호쿠리쿠도(北陸道) 길가에 게시되었다고 생각된다.

그리고 이 목간에 보이는 '구시(口示)'는 말 그대로 구두전달로 농민들한테 전한 것을 뜻한다. 즉 율령국가의 철저한 문서행정의 일단으로 방시찰은 게시되었지만 방시찰에 적힌 금지사항이나 법령은 전령(田領)(군의 농업을 담당한 하급 관인)이 '구시(口示)' 즉 구두전달로 농민들한테 전하도록 명기되어 있다.

고대 일본의 문자 세계는 철저한 문서행정과 그에 대치되는 무문자(無文字)적 세계가 병존하는 것이 가장 큰 특징이다. 방시찰(牓示札) 속에 보이는 게시와 구두전달의 관계는 그러한 고대 문자 세계를 가장 상징적으로 보여주는 귀중한 자료이다.

국사(國司)를 '다이후(大夫)'라고 존칭하다

'다이후(大夫)'란 다이카(大化) 이전 마에쓰키미의 계보를 잇는 영제 5위 이상의 관인들이다. 마에쓰키미는 오오오미(大臣)·오오무라지(大連) 밑에서 국정에 참여하는 지위 혹은 그러한 관인 층을 뜻했는데 3위 이상의 구교(公卿)에 대해 4위·5위를 다이후(大夫)라고 하는 경우도 있었다.

후대에는 神主 등 신직, 能樂 등 예능의 좌장·주역, 그리고 최상위의 유녀까지 다유(太夫)라고 부르게 되었다.

다이후가 5위 이상 특히 4·5위를 칭한다면 국의 등급에서 대국(大國)의 가미(守)는 종5위상, 상국(上國)의 가미는 종5위하의 위계를 가지기 때문에 다이후라고 불러도 문제는 없다. 하지만 같은 국사라도 그 외의 중국(中國)·하국(下國)의 가미 및 스케(介)·조(掾)·사칸(目)은 해당하지 않는다. 그런데도 각지에서 출토되는 국사(스케·조·사칸)에 관한 목간에 '다이후'가 보인다.

① '守大夫'-도쿠시마현(德島縣) 도쿠시마시(德島市)·간논지(觀音寺) 유적 출토 목간

〔年?〕
「 □四月廿□× ×一升日一升×
又日一升又日一升又日□×

板野 國守大夫分米三升小子分用米□□□
此月数×

간논지(觀音寺) 유적은 아와국부(阿波國府) 터이다. 아와국(阿波國)은 7세기 후반에는 상국인지 중국인지 확실하지 않으나 『延喜式』에 상국으로 되어 있으니 '국수대부'라고 표기할 수 있다.

이 목간의 연대는 7세기 후반으로 그 내용은 국사 순행에서 국수와 종자한테 먹일 쌀을 지급했다는 것을 기록한 것이다. 이타노(板野)는 아와국(阿波國)의 필두 郡(評)이며 국사 순행에서 이타노평(板野評)

이 식료를 지급한 4월분의 목찰로 보인다. 더 말하면 국사 순행의 식료 지급을 평별로 그리고 월별로 하나의 간으로 만든 것으로 추정된다. 따라서 한 장의 목간은 정형화되어 모든 평명도 '이타노(板野)'라고 하고 '평(評)'자는 생략한 것으로 이해된다.

② '掾大夫'-니이가타현(新潟縣) 나가오카시(長岡市) 시모노니시(下ノ西) 유적 출토 목간

시모노니시(下ノ西) 유적은 시마자키가와(島崎川) 낮은 미고지에 있는 에치고국(越後國) 고시군(古志郡)의 구케(郡家) 터로 생각된다. 북서 800m에 있는 하치만바야시(八幡林) 유적은 8세기에는 국급의 시설, 9세기에는 구케(郡家) 관련 시설이 설치되었다고 추정되고 있다.

「殿門上稅四百五十九束先上
三百五十束後上一百九束　十四
又後六十六束
掾大夫借貸卅五束　　　八十束」

이 목간은 마게모노(曲物) 바닥판에 메모로 쓴 것이다.

내용으로는 '稅·借貸+束 수'를 기록한 특징으로 이자를 받고 벼를 빌리는 스이코(出擧)(구스이코(公出擧)) 및 국사(掾) 차대의 내용을 쓴 기록간으로 추정할 수 있다.

1행 '殿門上稅', 4행 '掾大夫借貸'와 덴몬(殿門) 및 다이후(大夫)라는 존칭이 각각 사용되었다. 덴몬(殿門)에 관해서는 하치만바야시(八幡林) 유적 출토 목간(9세기)에 '上大領殿門'이라고 적힌 봉함(封緘) 목간이 있어 군사인 대령(大領. 장관)의 존

그림3 니이가타현(新潟縣) 나가오카시(長岡市) 하치만바야시(八幡林) 유적 출토 '봉함(封緘) 목간'

칭으로 사용되었다는 것을 알 수 있다. 이 봉함 목간은 군의 하급 관인이 대령한테 보낸 서장(書狀)에 붙인 것으로 생각된다(그림3)

그런데 봉함 목간이란 종이 서장을 보낼 때 판에 그 서장을 끼워서 끈으로 묶고 그 끈 위에 '封' 등의 글자를 써서 봉인한 것인데 현재의 편지봉투 역할을 하며 앞면에는 수신처 등을 적었다.

국사차대(國司借貸)는 국사를 상대로 이자 없이 관의 벼를 빌려주는 것인데, 실태로는 빌린 벼는 다시 군사가 이자를 붙여서 군 안의 사람들에게 빌려(스이코) 국사가 그 이자를 자기 수입으로 한 것이다.

이 목간은 국사차대제가 실시된 사례를 구체적으로 보여주는 최초 출토 자료이다.

③'目大夫'-히로시마현(廣島縣) 히가시히로시마시(東廣島市)·아키(安藝)고쿠분지(國分寺)터 출토 목간

〔四?〕 『之之之』
(앞)·□   □斗 目大夫御料者 送人 秦人乙麿 付□□
       『之之之之 之 之之 之之秦秦秦』

〔嶋?〕
(뒤)· ×□   天平勝寶二年四月廿九日帳佐伯部足嶋

내용은 '모 4도를 보낸다. 사칸(目)(국사의 4등관)님 몫이다. 발송자(혹은 지참자) 하타히토노오토마로(秦人乙麿). 이 서류를 작성한 사람은 사에키베노타리시마(佐伯部足嶋). 때는 天平勝寶2(750)년 4월 29일'이라는 내용이고 '目大夫御料'라는 정중한 존칭을 국사 사칸(目)한테도 사용한다.

이상 3가지 예로 알 수 있듯이 『日本書紀』를 비롯한 육국사(六國史) 같은 역사서에 나오는 '다이후(大夫)'와 지방사회에서 일상적으로 오가는 목간에 나오는 '다이후(大夫)'는 다른 것이다. 즉 율령체제하 지방사회의 최고 권력자는 조정에서 파견된 '구니노미코토모치(國司)'였다. 그 구니노미코토모치 가미(守)·스케(介)·조(掾)·사칸(目) 모두에게 위계 4·5위와는 관계없이 '다이후(大夫)'라는 존칭을 목간에 사용한 것이다.

내가 항상 강조하는 것은 '역사학을 연구하는데 가장 중요한 건 "자료의 속성"이다'. '자료의 속성'이란 각 기사의 해석을 하기 전에 먼저 그 자료가 어떤 목적으로 기록되고 어떤 성격을 가지고 있는 것인지를 파악해야 한다는 것이다. 역사서에 나오는 '다이후(大夫)'하고 목간에 보이는 국사의 존칭으로서 '다이후(大夫)'와의 차이는 바로 '자료의 속성'을 생각하지 않으면 이해하지 못하는 것이다.

2. 군사-동국(東國) 사키모리(防人)는 구주(九州)에 머물렀다!

사키모리(防人)는 7세기 후반 왜국(일본)·백제 연합군이 당·신라군 한테 백촌강(白村江. 금강 하구)에서 대패한 것으로 당 등의 침공에 대비해서 북부 구주 연안에 배치된 병사들이다.

사키모리는 현재의 관동지방(關東地方. 야마나시현(山梨縣)·나가노현(長野縣)·시즈오카현(靜岡縣)을 포함) 지역에서 3년간 구주로 파견되어 변경 방비 임무에 종사했다. 『萬葉集』에는 그 사키모리들이 먼 고향 부모나 처자를 그리워하며 만든 와카가 수많이 수록되어 있다.

그림4 사가현(佐賀縣) 가라쓰시(唐津市) 나카바루(中原) 유적 전경

たらちねの 母を別れて まこと我 旅
の仮廬に 安く寝むかも (권20-4348)
(어머니와 멀리 떨어져 나는 여행 도
중 오두막집에서 편히 잘 수 있을까)

그림5 나카바루(中原) 유적
출토 목간

지금까지 사키모리에 관한 자료는 이들
『萬葉集』사키모리 와카를 비롯해서 『續日
本紀』나 법령 밖에 없었고 열도 각지의 발
굴조사에서도 무슨 까닭인지 사키모리에 관
한 자료는 전혀 발견되지 않아 그 실태는 거
의 밝혀지지 않았다.

그런데 2004년에 사가현(佐賀縣) 가라쓰
만(唐津灣)에 연한 명승 '니지노마쓰바라(虹
の松原)' 뒤쪽의 나카바루(中原) 유적에서 '사
키모리(防人)' 목간이 전국에서 처음으로 발
견되었다.(그림4)

이 사키모리가 배치된 가라쓰(唐津)는 고대 히젠국(肥前國) 마쓰라
군(松浦郡) 안에 해당하며 『魏志倭人傳』에 보이는 옛 마쓰로국(末盧國)
의 땅이다. 8세기에 편찬된 『肥前國風土記』마쓰라군(松浦郡)의 기록
에 6세기에는 나카바루(中原) 유적과 가까운 '가가미노와타리(鏡の渡)'
에서 오오토모노사데히코(大伴狹手彦)가 한반도로 건너갔다는 전승이
보인다. 가라쓰만(唐津灣) 연안은 고대에도 대외적으로 중요한 거점

이었다.

이 목간은 사키모리에 관한 명단이며 사키모리가 '주인(戍人)'이라고 기록되고 수비지('戍')에 배치된 것과 그들의 출신지가 '가이국(甲斐國; 야마나시현(山梨縣)'인 것 등이 적혀 있다. (그림5)

목간을 다시 사용하기 위해 앞면을 깎아서 재이용한 2차문서에 '(延)曆八年'(798)이라는 연호가 있는 것(그림5 뒷면에 기재) 등으로 8세기 후반의 것임을 알 수 있다. 그런데 관동지방에서 파견된 '동국(東國) 사키모리(防人)' 제도는 757(天平寶字원)년에 폐지되었다.

8세기 후반으로 추정되는 이 목간은 명백하게 동국 사키모리가 폐지된 이후의 것이다. 아마 이 가이국(甲斐國) 출신의 사키모리는 3년 임기가 끝난 후에도 고향에 돌아가지 않고 북부 구주에 머물러 있었을 것이다. 가이국(甲斐國)을 떠났을 때 25살이었다면 가라쓰 항구를 지키기 위해 다시 징용되었을 때에는 이미 55살이 넘었던 셈이다. 율령정부가 동국 사키모리를 폐지한 건 동북지방에서 에미시(蝦夷)와의 관계가 긴박해서 관동에서 대군을 파견해야 했기 때문이었다. 동국 사키모리는 근무를 마치고 고향으로 돌아가면 3년간은 병역이 면제되지만, 당시 상황으로 봐서 다음에는 동북지방으로 파견될 것이 틀림없었다. 앞서 제시한 사키모리 와카에서도 볼 수 있듯이 그들이 고향을 그리워하는 마음은 헤아릴 수 없을 정도였을 것이다. 그런데도 가이국(甲斐國) 사키모리들이 위법 행위라는 것을 알면서도 감히 구주에 머물렀던 것도 가혹한 병역을 피하고 싶은 일념이었을 것이다.

군사 훈련 말고 사키모리의 일상생활은 일반 농민의 생활과 큰 차이가 없었을 것이다. 수비지 가까이에 땅을 지급하고 경작해서 식량으로 했다. 30년이 지나도 가이국(甲斐國)의 사키모리로 징용된 건 출신국 단위로 모여 생활했다는 것을 의미하지 않을까. 아마 사키모리로 처음 일하게 되었을 때 국 단위로 농경지를 지급하여 그 농경지를 중심으로 '가이촌(甲斐村)' 같은 취락을 형성했을 것이다.

『續日本紀』天平9(747)년 9월 22일조에 '이날 쓰쿠시(筑紫) 사키모리를 정지하고 본향에 돌아가게 하고 쓰쿠시(筑紫) 사람을 파견해서 이키(壹岐)·쓰시마(對馬)를 지키게 했다'라고 나온다. 이 조치를 뒷받침하듯이 天平10년도 '스루가국(駿河國) 정세장(正稅帳)'(정창원 문서)에 따르면 국 단위로 이즈국(伊豆國)을 비롯한 7개국의 사키모리들이 '구방인(舊防人)'으로 총 1082명이 귀환하였다.

• 天平10년도 스루가국(駿河國) 정세장(正稅帳)

舊防人伊豆國弐拾弐人(22명)　甲斐國參拾玖人(39명)

相模國弐伯參拾人(230명)　安房國參拾參人(33명)

上総國弐伯弐拾參人(223명)　下総國弐伯漆拾人(270명)

常陸國弐伯陸拾伍人(265명)

合壹阡捌拾弐人(1082명)　六郡別半日食爲單參阡弐伯肆拾陸日(3246일)上

이는 사키모리가 구주 땅에서 항상 국 단위로 일상생활 및 근무를 하고 있었다는 것을 의미하는 것이다. 병사의 국 단위 근무의 실태는 동북지방의 에미시(蝦夷)와의 싸움에 동원된 병사(진병(鎭兵))의 경우도 똑같았다는 게 아키타시(秋田市) 아키타성(秋田城) 터에서 출토된 가즈사국(上總國) 부령사(部領使)(인솔책임자) 관계 목간에서도 증명되었다.

3. 교통-통행증은 부절(符節)

고대에 관문을 통과할 때 여행자 신분을 증명하는 통행증을 과소(過所)라고 했다. 그 통행증(여권)은 여행자가 담당하는 관청에 신청해서 발행된다. 여행자가 휴대한 통행증은 종이 혹은 나무(목간)였다.

과소 목간은 현재 전국 각지에서 4점 출토되었다.

④헤이조큐(平城宮) 터-오오미국(近江國) 관계

(앞)·「關々司前解 近江國蒲生郡阿伎里人大初上阿□勝足石許田作人   」
                                                          〔伎?〕

(뒤)·「同伊刀古麻呂 大宅女右二人左京小治町大初上笠阿曾彌安戶人右二
            送行乎我都 鹿毛牡馬歲七   里長尾治都留伎   」

헤이조큐(平城宮) 주작문(朱雀門) 조영 이전의 도랑에서 출토되었다. 8세기 초 후지와라쿄(藤原京) 시대에 속하는 것으로 추정된다.

⑤헤이조큐(平城宮) 터-가이국(甲斐國) 관계

「依私故度不破關往本土 甲斐國
                戶□□人□万呂

히에조큐(平城宮) 동쪽 부의 바깥쪽, 조간대로(條間大路) 남쪽 측구에서 출토되었다. 天平 연간(729~749) 전후의 것이 틀림없다고 한다.

⑥하마마쓰시(濱松市)·이바(伊場) 유적-도오토오미국(遠江國) 관계

(앞)·□□□美濃關向京於佐々□□〔事?〕□□□□〔置染部?〕人」

(뒤)·×驛家　宮地驛家　山豆奈驛家　鳥取驛家」

이바(伊場) 유적에 인접하는 시로야마(城山)·가지코(梶子) 유적에서도 목간이나 묵서토기 등에 공통된 내용이 출토되었으므로 이들 유적군은 도오토오미국 후치(敷智)군가와 관련된 시설로 추정되고 있다.

목간의 연대는 8세기 전반이다. 그 내용은 도오토오미국(遠江國)의 사람이 미노관(美濃關)을 통해서 도성으로 가기 위한 과소(過所) 목간이다. '宮地驛家 山豆奈驛家 鳥取驛家'는 미카와국(三河國)에 있는 역의 이름이다.

⑦다가조(多賀城) 터-아사카단(安積團) 관계(이필 부분 및 뒷면은 생략)

·「　　　　安積團解　□□番〔中?〕□　　□事
　　畢番度玉前劃還本土安積團会津郡番度還　　　」

⑥

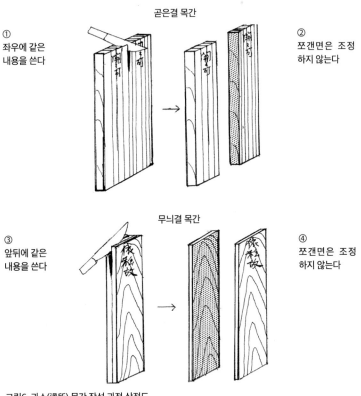

곧은결 목간

① 좌우에 같은 내용을 쓴다

② 쪼갠면은 조정 하지 않는다

무늬결 목간

③ 앞뒤에 같은 내용을 쓴다

④ 쪼갠면은 조정 하지 않는다

그림6. 과소(過所) 목간 작성 과정 상정도

다가조(多賀城)에서 그 외곽 서변에 있는 나무 담을 따라 남북 대구가 확인되고 목간은 그 대구에서 출토되었다. 이 과소(過所) 목간을 포함한 9점의 목간은 출토된 구의 연대로 봐서 모두 9세기경으로 추정하고 있다.

공식령(公式令) 과소식(過所式)으로 정해진 관문 통과를 위해 필요한 정보는 다음과 같이 정리할 수 있다.

⑴과소 신청 사유의 기술

⑵통과하려고 하는 관문의 명칭과 목적지의 국명

⑶관인의 경우 관위 성 자인(資人. 관위에 따라 주어진 종자)를 쓴다. 서
인의 경우 본관(본적지)를 쓴다.

⑷종자(노비의 경우 이름과 나이)·휴대물·휴대하는 마소의 털 색, 암
수의 구별, 마릿수

완형인 ④헤이조큐(平城宮) 터-오오미국(近江國) 관계-목간은 이 정
보를 거의 다 가지고 있다. 그런데 4점 목간은 앞뒤에 문자가 있는
것과, 앞면에만 있는 것 두 가지로 나눌 수 있다. 이 4점을 잘 관찰하
면 앞뒤 양면에 글자가 있는 건 곧은결 판(세로결이 있는 판)을 사용하
고, 앞면에만 글자가 있는 건 무늬결을 사용하고 있다. 곧은결 목간
은 같은 내용을 좌우에 쓰고 세로로 쪼개서 2개로 했다. 그래서 목간
은 한 측면을 쪼갠 상태이며 두께가 1cm 정도다. 한편 무늬결 목간
은 앞뒤 양면에 같은 글을 쓰고 무늬결 상단부 곧은결에 칼을 넣어
앞뒤를 2편으로 쪼갰다. 그 결과 목간은 뒷면이 쪼갠 상태이고 두께
는 곧은결 목간의 반 정도인 5mm밖에 없다. (그림6)

이렇듯 과소(過所) 목간은 원래 하나의
목간을 두 개로 쪼갠 것임을 알 수 있다.
이는 고대 문헌 사료에 보이는 '契'라고
하는 부절(符節)에 합치한다. 헤이안(平安)
시대 의식서 등에는 관문 통행증목간(계)
은 글자 중앙에서 둘로 나눈다고 한다. 이

그림7. 고관목계(固關木契)

런 고대 과소(過所) 목간은 실물자료로 현존하는 근세 1709(寶永6)년 히가시야마(東山) 천황 양위에 따른 고관목계(固關木契)(그림7)로 계승되는 자료라고 할 수 있다.

즉 한 쪽을 발행원인 관청에서 보관하고 또 다른 한 쪽을 관문 등 관청에 제시하기 위해 수급자(여행자)가 가지고 있는 방식이었다.

4. 신앙-주부(呪符)를 세우다

시바(柴) 유적(효고현(兵庫縣) 아사고시(朝來市) 산도정(山東町))은 고대 산인도(山陰道)가 단바국(丹波國) 히카미군(氷上郡)에서 도오자카고개(遠阪峠)를 넘은 기슭 지점에 설치된 아와카우마야(粟鹿驛家)의 비정지다. 출토된 목간의 연대는 10세기로 추정된다. 하반부를 가늘게 깎았다. 상단부는 결실되어서 형태는 알 수 없다. 또 일정 기간 옥외에서 게시되어 비바람을 맞아서 묵흔이 없어졌는데 자획 부분이 남아 문자를 판독할 수 있다.

⑧시바(柴) 유적 출토 목간
「〔부록〕   □急如律令
                   左方門立

이 목간은 주부(呪符) 목간, 즉 악령(惡靈)·사신(邪神)·재앙(災殃)으로부터 몸을 지키고 또 행운을 가져온다고 믿어지는 주구를 쓴 것이다.

'□急如律令'은 도교적인 주구 '急急如律令'을 뜻한다.

자획이 남았고 부록(符籙. 주술을 위한 부호)부분에 '弓' 그리고 '急急如律令'의 주구가 기재된 유례로 시주오카현(靜岡縣) 하마마쓰시(濱松市)·이바(伊場) 유적 출토 목간을 들 수 있다.

『日本靈異記』 중권 제25화 '閻羅王使鬼受所召人之饗而報恩緣(염라왕의 사자인 귀신이 불러들인 사람의 대접을 받아 은혜를 갚는 인연)' 모두 부분에

사누키국(讚岐國) 야마다군(山田郡)에 누노시키노오미키누메(布敷臣衣女)라는 사람이 있었다. 쇼무(聖武) 천황 때 그녀가 갑자기 병에 걸렸다. 그 때 여러 음식을 만들어 문 앞 좌우에 제사하고 역신(疫神)에게 대접했다. 염라왕(閻羅王)의 사자인 귀신이 와서 그녀를 불렀다. 그 귀신은 달려서 피곤한 까닭에 제사 음식을 보고 받아 먹었다. 귀신이 그녀에게 말하기를 '내가 네게 대접을 받았으니 너한테 은혜를 갚아야겠다. 같은 성 같은 이름의 사람이 있는냐?'(讚岐國山田郡 有布敷臣衣女. 聖武天皇代 衣女忽得病. 時偉備百味 祭門左右 賂於疫神而饗之也. 閻羅王使鬼 來召衣女. 其鬼走疲 見祭食 覬就而受之. 鬼語衣女言 '我受汝饗 故報汝恩. 若有同姓同名人耶')

문 좌우에 음식을 놓고 역신을 향응하여 병이 낫는 것을 원했다고 한다. 위 목간의 '左方門立'은 다음에 드는 예에서도 왼쪽 문 위치에 주부를 세우는 것을 표현했다고 이해된다.

⑨충청남도 부여군 부여읍 능산리사지 출토 양물형 목간

제1면 「『无奉義』   道緣立立立   ○」(제2~4면 석문 생략)
        (각서)   (묵서)

이 목간은 백제 왕경 입구 부근의 길가에 양물(남성 성기를 표현한 것)
형 목간을 기둥 같은 것에 매달아 사악한 것이 침입하는 것을 막는
제사에 사용된 것으로 '道緣立(길가에 서다)'로 표현되고 있다.

『日本靈異記』에 기술된 제사 형태를 참고로 하면 산인도(山陰道)의
아와카우마야(粟鹿驛家)에서도 문 앞 왼쪽에 이 목간(주부)을 세우고,
오른쪽에 또 하나 주부를 세워서 음식을 토기에 담아서 역신(疫神) 등
에게 향응하는 제사 행위가 있었던 것을 보여주는 매우 귀중한 자료
이다.

5. 생업-야마토국(大和國) 유력자의 다각 경영

야마토국(大和國) 서부에 있고 가와치국(河內國)에 인접한 옛 가쓰
라키노시모군(葛下郡)에 있는 나라현(奈良縣) 가시바시(香芝市) 시모다
히가시(下田東) 유적은 고훈(古墳)시대, 나라(奈良), 헤이안(平安) 그리
고 무로마치(室町)시대까지 일관되게 이 지역 유력자의 거점이었다고
생각된다. 이 유적에서 출토된 마게모노(曲物) 바닥 판에 적힌 메모는
'다각적인 생업' 활동을 말한다.(그림8)

이 목간은 마게모노(曲物) 바닥 판을 이용한 것이며 양면에 묵서되었다. 한 면은 판을 세로로 이용해서 벼의 파종 날짜를 쓰고 마지막에 그 표면을 깎아서 '이오키베노무라지토요타리(伊福部連豊足)'라는 사람의 해문(解文. 상신문서) 초안에 이용되었다. 또 한 면은 판을 가로로 이용해서 벼 베는 날짜나 '年魚'(은어) 매각에 관한 일들이 적혀 있다.

(1)벼 농작의 관리 재배 그리고 호쿠리쿠(北陸)지방 장원(莊園)도 경영?

벼의 품종명 '和世種'을 3월 6일에, '小須流女'를 3월 11일에 뿌렸다(그림8 A면). 원래는 다른 품종과 씨를 뿌리는 날짜가 기재되었을 것인데 깎아서 해문(解文) 초안으로 되어 있다. 유사한 목간을 찾아보면 후쿠시마현(福島縣) 이와키시 앗타메조리(荒田目條里) 유적 출토 목간에는 앞면에 품종명, 뒷면에 '五月十(日)' '五月十七日' '五月卄三日'로 약 일주일씩 간격을 두고 파종한 날짜를 기록한 것으로 해석된다. 이는 농작업의 노동력을 확보하기 위한 것과 풍수해 등에 대한 배려로 생각된다. '和世種三月六日'은 후쿠오카시(福岡市) 하카타구(博多區) 다카하타폐사(高畑廢寺) 출토 목간에

⑪(앞)·「和佐□一石五升 ∨」
　(뒤)·「三月十日　　　∨」

라는 사례가 있는데, 야마토국(大和國)과 지쿠젠국(筑前國) 양 지방에서 '和世'='和佐'=와세(早稻)(올벼)를 거의 같은 3월 중순에 파종한

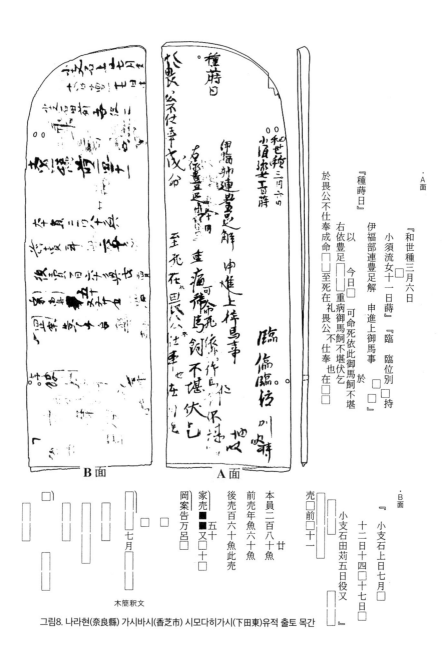

木簡釈文

・A面

『和世種三月六日
小須流女十一日蒔』 『臨 臨位別□持
伊福部連豊足解 申進上御馬事 於
以 今日□ 可命死依此御馬飼不堪
右依豊足□□重病御馬飼不堪伏乞
於畏公不仕奉成命□□至死在礼畏公仕奉也 在
□□

『種蒔日』

・B面

一
小支石上日七月□ 小支石田苑五日役又
十二日十四□十七日□
』
売□前□
十一

廿
本員二百八十魚
前売年魚六十魚
後売百六十魚此売
家売
五十
又□十
岡案告万呂
□売

七月

B面　A面

그림8. 나라현(奈良縣) 가시바시(香芝市) 시모다히가시(下田東)유적 출토 목간

것을 알 수 있다. 또 주목해야 할 부분은 한 면 모두에 나오는 '小支石'이라는 사람이 벼 베기를 한 날짜가 7월 중순(12일·14일·17일 등)이었다는 것이다(그림8 B면).

시모다히가시(下田東) 유적 목간의 경우 올벼를 3월 6일에 파종하고 7월 12일에 벼 베기를 했다고 하면 벼를 육성하는 데 합계 약 120일이 필요했다는 셈이다. 가스가신사(春日神社)의 기록(1517(永正14)년)에 의하면 파종부터 벼 베기까지 합계 121일(134일도 있음), 『會津歌農書』(1704(寶永원)년)에 따르면 합계 110일로 되어 있어 시모다히가시(下田東) 유적에 보이는 일수와 거의 일치한다. 이 사실은 중·근세 벼농사의 원형은 고대에 거의 확립되었다는 것을 의미할 것이다.

그리고 벼의 품종명 '小須流女'에 주목하고 싶다. 최근 호쿠리쿠(北陸)지방인 이시카와현(石川縣) 가나자와시(金澤市) 서부에서 대규모 발굴조사가 있었고 생업활동에 바탕을 둔 항만도시의 개요가 밝혀졌다.

사이가와(犀川) 하구 우네다(畝田)·지쥬(寺田) 유적, 가나이와혼마치(金石本町) 유적 등은 군사(郡司)(주정(主政)·주장(主帳))이 관리하는 항만시설, 도미주(戶水)C 유적 등은 가호쿠가타(河北潟)의 항구로 가가국(加賀國)이 성립된 후(823(弘仁14)년) 국부가 관리하는 항만시설로 볼 수 있다.

또 사이가와(犀川) 유역에는 요코에장(橫江庄. 818(弘仁9)년에 전년에 죽은 헤이제이(平城) 상황의 비인 아사하라(朝原) 내친왕이 남긴 영지인 요코에장(橫江庄) 간전(墾田) 186여 초(町)를 어머니인 사카히토(酒人) 내친왕이 도다이

「〈須充女一石一斗」

그림9. 이시카와현(石川縣) 가나자와시(金澤市) 우네다(畝田) 니베타유적 출토 목간

지(東大寺)로 기진(寄進)했다)가 있고 『日本靈異記』에 보이듯이 요코에장(橫江庄)의 유력자로 생각되는 '橫江臣' 일족이 오오노향(大野鄕) 우네다촌(畝田村)에 거주했다는 게 알려져 있다. 아마 사이가와(犀川) 하구 및 가호쿠가타(河北潟) 주변은 군가나 국부가 관리하는 수많은 관의 시설과 재지유력자나 중앙 귀족, 절이나 신사 장원(庄園)에 관한 주택이나 창고 그리고 발해사를 맞이하는 시설 등이 늘어서 있는 고대 항만도시의 경관을 가지고 있었을 것이다.

사구(砂丘)의 후배습지에서는 데도리가와(手取川) 선상지(扇狀地)의 그물코와 같은 다소 하천과 선상지 가장자리의 샘물을 이용한 벼농사나 현재의 '가가(加賀) 연꽃'의 원류라고 할 수 있는 연꽃 재배(가미아라야(上荒屋) 유적 출토 목간 '□月八日蒔料蓮花種一石')도 성행했다고 생각된다.

특히 우네다(畝田) 니베타 유적 출토 목간 '須(酒)流(充)女(스루메)'(그림9), 사이넨(西念)·미나미신보(南新保) 유적 출토 목간 '須留女(스루메)' 가미아라야(上荒屋) 유적 출토 목간 '大根子(오오네코)' 등은 다 벼의 품종명을 쓴 이른바 종자찰(種子札)로 생각된다. 이러한 종자찰은 각지 유력자 층 지배거점 주변에서 출토되고 있어, 벼의 품종개량·관리는 각지의 선진지대라고 할 수 있는 지역에서 시행된 것을 엿볼 수 있다.

벼의 품종개량은 근세 농서 『淸良記-親民鑑月集』(1702~31년경 성립)에 의하면 畔越→小畔越, 備前稻→小備前, 大白稻→小白稻처럼 새 품종의 이름은 원래 품종명에 '小'를 붙이는 게 일반적이다. 시모다히가시(下田東) 유적 '小須流女'와 우네다(畝田) 나베타 유적 '須流女'도 똑같이 이해할 수 있을 것이다. 야마토국(大和國) 지역의 유력자가 새로운 품종 '小須流女'를 만들어내자 호쿠리쿠(北陸)지방에 있는 자기 장원에서 이미 재배되고 있는 '須流女'를 대신해서 파종한 게 아닐까.

(2)야마토가와(大和川) 지류에서의 '年魚'(은어)의 포획과 판매

시모다히가시(下田東) 유적 안을 흐르는 자연 강길에서는 에리(魞; 하천 등 물고기가 오가는 곳에 주머니 형태로 대나무 발을 세워서 물고기를 잡는 장치) 유구도 확인되고 목간에는 은어를 잡아 판매한 상업활동이 기록되어 있다(그림8 B면). '年魚'는 태어난 해 안에 죽는 물고기라는 뜻, 혹은 鮎(한자로는 '메기'의 뜻)의 오음(吳音) '넨'에 年자를 취한 것이라고도 한다. 헤이조큐(平城宮) 터 출토 하찰 목간을 보면 고대 일본에서는 물고기를 셀 때 '隻' 등의 단위가 널리 사용되었지만 이 목간에서는 은어의 수량 단위가 '隻'이 아니라 '魚'라는 것도 흥미롭다.

(3) 말을 사육한 목장 경영

이오키베노무라지도요다리(伊福部連豊足)가 말을 진상하는 것에 관해 아뢸 문서를 제출하기 위한 초안을 적었다(그림8 A면 후반). 그 내용은 도요타리가 중병에 걸려서 맡고 있던 말을 사육해서 진상할 수 없다고 사과하는 편지에 가깝다. 상사에게 아뢰는 변명서 같은 문서인 만큼 몇 번이나 표현을 퇴고해서 몇 글자 연습도 하고 있다.

이오키베노무라지도요다리(伊福部連豊足)는 무라지성(連姓)을 가지고 있어 아마 이 저택의 주인일 것이다.

도성 주변에서는 동국에서 보내오는 말을 훈련해서 도성에서 행하는 의식에 제공했다. 이 유적 주변에는 가와치국(河內國)에서 키우는 말을 사육한 도래계(渡來系) 씨족인 다나베노후히토(田邊史)의 거점도 있는 등 가와치국(河內國)·이즈미국(和泉國) 그리고 야마토국(大和國) 안에 이러한 목장들이 집중되어 있었다고 생각된다.

이 목간에는 벼농사·어로·말 사육에 종사하는 이 지역 유력자의 다각적 경영에 관한 일이 재활용한 마게모노(曲物) 바닥 판에 메모로 쓰였다는 것에 큰 의의가 있다. 즉 일반적인 문서목간에는 이동이 있어 다른 기관에서 보내온 것인지 거기서 만든 것인지 출처를 밝히기 어렵다. 그런데 재활용된 마게모노(曲物) 판자에 메모한 건 보통 이동이 없는 자료이다. 메모로 쓴 모든 작업이 여기서 일어났다는 것을 무엇보다도 확실하게 말해 주는 것이다. 재활용품도 가볍게 여겨서는 안 된다.

시모다히가시(下田東) 유적 유력자의 다각적 경영이 드러난 모습으로는 모리 오가이(森鷗外) (※옮긴이: 1862~1922년. 소설가, 군의)의 소설 『山椒大夫』(※옮긴이: 1915년 발표)의 안즈(安壽)와 즈시오(厨子王)가 사역된 단고(丹後)반도 이시우라(石浦)에서 소금을 붓는 작업이 떠오른다. 산쇼다유(山椒大夫)는 큰 저택을 꾸미고 제염 이외에도 논밭에서 쌀이나 보리를 재배하고 산에서 사냥, 바다에서 어로, 양잠, 베 짜기 등 다양한 분야의 장인을 고용해서 경영하는 고대 단고(丹後)지방의 부자로 그려져 있다. 시모다히가시(下田東) 유적의 유력자도 야마토국(大和國) 서부 교통 요충지에 거점을 둔 산쇼다유(山椒大夫) 같은 존재였을 것이다.

『日本書紀』를 비롯한 역사서는 고대국가 지배의 역사와 국가 체제 정통성 확보를 주된 목적으로 편찬된 것이며 그 기술은 지방 사회의 실태까지는 미치지 않는다.

아마 지방 사회와 비교하면 문자문화가 성숙한 도성에서는 8세기 단계에는 정창원 문서-사경소(寫經所) 관계 문서에 단적으로 보이는 것처럼 종이 문서가 널리 사용되었으리라고 판단된다. 목간은 종이를 보완하는 재료이지만 동시에 특정한 용도에 한정되어 사용될 수밖에 없었을 것이다. 한편 지방 사회에서 목간이 더 널리 사용되었다면 바로 지목병용(紙木倂用)의 원래 모습을 보여주며 저절로 종이 문서와의 통용이 상정되었을 것이다. 방시찰(榜示札)처럼 종이 문서를 판에 그대로 베껴 쓰고 야외에 게시한 것이 전형적인 사례이다. 그래서 지방 목간은 종이와의 통용을 전제로 한 규격성이 높은 점을 특징으로 했다고 생각된다.

전국 각지에서 목간이 출토되는 사례가 매년 늘어나고 있지만 아직까지 궁도처럼 한 유적에서 1만 점을 넘는 많은 양이 발견되지는 않았다. 지방에서 많은 점수가 출토된 사례로는 대부분은 삭설이지만 시모쓰케국부(下野國府) 터의 약 5000점, 다자이후(大宰府) 터의 약 1000점을 들 수 있다. 하지만 일반적으로는 1점 혹은 몇 점씩만 출토된다.

그런데 지방에서는 많은 유적이 긴급 발굴조사 등으로 조사한다 해도 그 유적이나 유구의 극히 일부만일 경우가 많아서 유적 성격을 밝히기가 쉽지 않은 것이다.

이렇게 성격을 알 수 없는 유적에서 출토된 목간은 많은 경우 그 목간의 이동을 명백하게 복원할 수 없고 또 목간의 수량도 적기 때문에 전체적인 상황을 판단하기가 매우 어렵다. 다만 이러한 현상은 어쩔 수 없는 일이다. 오히려 얼마 안 되는 수의 목간에 대해 현 단계에서 본 장에서 든 예와 같이 최대한의 해석 가능성을 상정해 놓는 것이 앞으로 유사한 목간의 발견이나 지방 목간 전체 해석을 위해 크게 유용할 것으로 생각한다.

여기서 검토한 몇 점의 목간을 통해서도 종래 문헌 사료를 중심으로 한 연구가 그릴 수 없었던 지방 사회 실상이 선명하게 보이기 시작한 것으로 믿는다.

관영광산과 대불(大佛)조립

사토 마코토(佐藤 信)

대불의 고향

나가토국(長門國) 나가노보리 도잔(長登銅山) 유적(현 야마구치현(山口縣) 미네시(美祢市))은 고대를 대표하는 관영 광산 유적이다. 天平勝寶 4(752)년 4월 개안 공양이 이루어진 나라(奈良) 도다이지(東大寺)의 대불(大佛) 주조용 구리를 생산한 곳으로 알려져 '대불의 고향'이라 일컬어진다. 지금은 인가가 없는 산으로 에워싼 골짜기에 입지한 유적이지만 고대의 유력한 구리광산이며, 그 후 전국(戰國)시대에는 모리씨(毛利氏)와 아마코씨(尼子氏)가 쟁탈하였고, 에도(江戸)시대에는 관영통보(寛永通宝)를 주조한 제니야(錢屋) 유적이 부근에 조영되어, 메이지(明治)시대에도 근대 기술에 의한 채광이 이루어졌다.

고대 나가노보리 도잔(長登銅山) 유적은 1989년부터 발굴 조사에 의해 나가토국사(長門國司) 관할하 국가적으로 운영된 구리 생산 유적임이 밝혀지게 되었다. 산과 계곡 기슭을 차지한 유적에서는 채굴 유구, 선광작업장, 배소 유구, 정련작업장, 제련로, 점토채취 유구 등이 복합되어 있고, 개개 공정의 유물군이 출토되었다. 공광석의 채굴

에 처음으로 選鑛(※옮긴이: 캐낸 광석에서 쓸모없는 것을 가려내는 것), 焙
燒(※옮긴이: 광석 처리의 한 방법으로, 산화를 촉진시키거나 증발하기 쉬운 성
분을 제거하기 위해 광석을 가열하는 것), 精鍊(※옮긴이: 광석을 정제하여 순도
높은 금속을 뽑아내는 과정)에 걸친 구리생산의 전 공정 일체가 이 땅에
서 이루어졌음을 알 수 있고, 잉곳(Ingot) 형태로 동괴를 발송하는 작
업도 여기서 이루어지고 있었다. 이 유적에서는 산기슭에 구리를 정
련할 때 버려진 鑛滓(금속 찌꺼기)가 4m 정도 퇴적되어 있었던 만큼,
그 일부에 설정한 발굴구역에서 천평(天平) 초기 무렵의 약 800점의
목간이 출토되어 고대 나가노보리 도잔(長登銅山)에서 구리 생산과 그
모습이 밝혀지게 되었다.

국가적인 구리 생산

원래 일본 고대국가는 유용자원으로 구리에 관심을 갖고 있었고,
양노령(養老令) 잡령(雜令)의 제9조 국내조에는 '무릇 국내에 동철이
나는 곳이 있으면 관에서 채굴하지 않는다면 백성이 사사로이 채굴
할 것을 허락한다'고 하여 구리 채굴을 국가가 우선적으로 장악하고
있었고, 和銅6(713)년에 『風土記』 찬진을 명할 때에도 우선 '군내에서
생산되는 銀, 銅, 彩色, 草, 木, 禽, 獸, 魚, 蟲 등의 물건은 구체적으로
色目을 등록한다'고 하는 바 금속자원에 대한 깊은 관심을 보여주고
있다.

天平 15(743)년 10월에 나온 쇼무(聖武) 천황의 대불 조립의 조(詔)

(『續日本紀』)에는 '노사나불 금동상 1구를 만들어 봉안한다. 나라의 구리를 다하여 상을 주조하고, 큰 산을 깎아 당을 지으며, 널리 법계에 미치게 하고 짐의 지식으로 한다'고 하였다. 거대한 동상 재료를 위해 '국의 구리를 다하여'하고자 하는 쇼무(聖武) 천황의 결의는 결코 과장은 아니었다고 생각된다. 『東大寺要錄』권1에는 '奉鑄用銅卅万一千九百十一斤兩 熟銅卅九万一千卅八兩 白鑞一万七百卄二斤一兩'이라 하고, 天平19(747)년 9월부터 天平勝寶원(749)년 10월에 걸쳐 8번 정도 나누어 주조한 대불 본체를 위해 구리 '用合四十万二千九百斤兩'과 추가분, 그리고 나발, 대좌의 주조에 쓰일 구리 원료의 수량이 구체적으로 기재되어 있다. 실제 500톤에 육박하는 대량의 숙동(熟銅)이 대불 주조를 위해 사용되었던 것이다. 마찬가지로 『東大寺要錄』권2에는 도다이지(東大寺) 조영을 위해 재목과 금을 제공하고, 목공, 금공에 종사한 사람들의 수를 기록한 것 중에 '金知識人卅七萬二千七十五人. 役夫五十一萬四千九百二人'이라 기록하고 있다. 지식이란 사찰조영, 불상조영 등에 재물을 제공한 사람들이다. 여기서 금속 관계에 막대한 수의 사람들이 도다이지(東大寺) 조영에 관련되었음을 알 수 있다.

이러한 대불과 도다이지(東大寺) 조영에 필요했던 대량의 구리 중 상당수가 나가노보리 도잔(長登銅山)에서 보낸 것으로 밝혀졌다. 나라(奈良)의 정창원에 전해지는 정창원 문서 「丹裏文書」(단의 포장 종이로 전용된 휴지 문서) 중에는 나라(奈良) 도다이지(東大寺) 조영을 담당한 관청인 조도다이지사(造東大寺司)로부터 나가토국사(長門國司)에 요청된 나라(奈良) 시대의 공문서가 전하고 있다(『大日本古文書』25권). 그것에 따르면 나가토국사(長門國司)에서 2만6,474근(약18톤)의 대량의 구리가 조도다이지사(造東大寺司)의 요청으로 해로로 운송되었던 모습이 알려져 있다. 운송된 구리는 조도다이지사(造東大寺司)에 의해 숙동, 未熟銅(※옮긴이: 완전히 정제되지 않은 구리), 生銅(※옮긴이: 불려지 않은 구리) 등의 품질에 대해 국사에서 송부장과 맞대어 체크하였고, 부족분의 지적과 함께 '앞으로 상질의 숙동을 송부하라'는 주문이 붙여져 있다. 이처럼 대불, 도다이지(東大寺) 조영에서 대량의 구리가 나가토국사(長門國司)에서 조도다이지사(造東大寺司)로 송부되었던 게 문서로도 알 수 있고, 그 구리는 나가노보리 도잔(長登銅山)에서 국가사업으로 채광, 정련된 것이었다고 할 수 있다.

고묘(光明) 황후와 대불의 구리

1988년에 이루어진 도다이지(東大寺) 대불전 회랑 서지구의 발굴조사에서는 대불의 주조와 관련된 주동 시설 유구와 함께 고온에서 구리를 용해하기 위한 용해로의 파편, 용해된 구리 덩이와 풀무의 송풍구 등 많은 주동 유물이 출토되었고, 아울러 대불 주조 관계의 목간이 출토되었다. 그리고 비소를 포함한 구리 성분의 과학적 분석 결과 나가노보리 도잔(長登銅山)이 대불에 사용된 구리의 산지였던 사실이 판명되었다. 또한 목간의 기재에서 대불 주조현장 요구로 대량의 구리가 모아지고 있던 것과 그 중 고묘(光明) 황후에 의해 대량의 양질 구리의 시입이 있었던 것 등이 밝혀지게 되었다.

① 「自宮請上吹銅一万一千二百廿二斤

  『自宮宮宮□ □宮足 宮足 宮自□ 』

'궁에서 청구한 上吹銅'이라고 하는 바, 이 목간은 도다이지(東大寺) 의 대불 주조현장이 고묘(光明) 황후가 거주한 황후궁에서 대량의 구리 원료를 수취하였던 것을 보여준다. 정련된 상질의 구리(숙동) 1만1,222근(약 7.6톤)도 고묘(光明) 황후로부터 보내졌던 건 대불조영에 고묘(光明) 황후가 깊이 관여되어 있음을 구체적으로 보여준다. 또한 '右二竈卌一斤 投一度' 이라 기재된 목간은 대불 주조를 위해 구리를 녹이는 용해로인 가마(竈; '右二' '右四' '五' '七' 등으로 이름이 붙어 있다)에 구리 원료를 던져 넣는 것을 기록한 것이라 생각된다. 게다가 몇 번에 걸쳐 주조 원료인 구리가 용해로에 넣어진 모습을 엿볼 수 있는 구리 원료의 지출 기록이라 생각되는 목간도 있었다.

목간이 말하는 구리 조달 경로

나가노보리(長登) 목간 가운데 구리 생산관련 목간 중에는 「製銅付札木簡」이 알려져 있다. 이건 구리 제련 잉곳(Ingot)의 부찰이며, 제련기술자 이름(銅工集團), 제련된 구리의 분량(斤數, 枚數), 제작월('□月功'), 제출 월일, 제동 수신처 등이 기재되어 있다. 또 생산한 구리를 송부할 때의 「配分宛先木簡」도 알려져 있다.

「配分宛先木簡」은 단책형(短冊形. ※옮긴이: 납작한 세장형의 단독목간)의 좌우 홈이 파인 형태를 띤 하찰형 목간으로 예를 들어 표면에 '大

殿七十二斤枚一', 뒷면에 '日下部色夫七月功' 같이 기재되어 있다.
이 경우 나가노보리 도잔(長登銅山)의 '日下部色夫'들이 7월에 정련한
72근 중량의 구리 잉곳 1매를 '大殿' 측으로 보낼 예정이었음을 보여
준다. '擝殿銅'으로 나가토국사(長門國司)의 3등관 앞으로 대량의 구
리를 보낼 것으로 한 天平2년 6월 22일부의 목간에는 '조정에는 아
뢰지 않은 구리'라는 주가 붙여져 있어 흥미롭다. 수신처 중에는 '豊
前門司'도 있고, 나가토국(長門國)에서는 수도 헤이조쿄(平城京)과는
반대 방향인 서해도(西海道) 부젠국(豊前國)에 보내진 예도 알려져 있
다. 이들 목간에 의해 나가노보리 도잔(長登銅山)에서 정련된 구리 잉
곳이 여러 방면으로 보내진 것을 알 수 있었고, 주목되는 건 다음 목
간이다.

②太政大殿□□首大万呂 上□
　　五十三斤枚二

　'太政大殿'은 태정대신(太政大臣)을 말하며, 목간
의 시대인 천평(天平) 초년 무렵에는 사후 태정대신
에 추증된 故후지와라노후히토(藤原不比等)를 가리
킨다. 즉 이 나가노보리(長登) 구리 잉곳은 헤이조
쿄(平城京)의 후지와라노후히토(藤原不比等)의 집에
수신된 것이 된다. 그렇다면 뒤에 홋케지(法華寺)가
된 후히토의 저택 등 고 후지와라노후히토가(藤原
不比等)의 재산은 고묘(光明) 황후가 상속했으니 나

가노보리 도잔(長登銅山)의 구리가 수도의 고묘(光明) 황후의 것으로 보내지게 되고, 그 구리가 앞서 서술한 도다이지(東大寺) 대불전 회랑 서지구 출토 목간에 보이는 것처럼 황후궁에서 대불조영현장으로 보내졌다는 경로를 추정할 수 있다.

이처럼 '나라의 구리를 다한다'고 일컬어지는 대불용의 구리 조달에 대하여 중앙의 고묘(光明) 황후 뿐 아니라 나가토국사(長門國司)와 그 아래 두어진 국가적 생산공방으로 나가노보리 도잔(長登銅山)의 경영, 노동력을 담당한 지방 호족과 민중들의 힘을 결집할 필요가 있었다. 또 『延喜式』등에 의하면 나가토국(長門國)은 와도카이친(和同開珎) 등 제작 원료의 가장 중심적인 공급지이며, 대불만이 아니라 동전이라는 고대국가에서 가장 중요한 산물도 나가노보리 도잔(長登銅山)이 대부분을 지탱하였던 것으로 알려지게 되었다.

대불 조립과 열도각지의 역사

대불 조립을 둘러싸고 우선 쇼무(聖武) 천황 자신이 발원하기에 이르는 계기로 天平 12(740)년에 가와치국(河內國) 오오가타군(大縣郡)에 있는 지시키지(知識寺)(오사카부(大阪府) 가시와라시(柏原市), 탑 심초석이 유존)의 노사나불을 예배할 때 조불을 생각하게 되었고, 더욱이 부젠국(豊前國) 우사군(宇佐郡)의 우사하치만신(宇佐八幡神)(오오이타현(大分縣) 우사시(宇佐市), 우사진구(宇佐神宮))이 조불 사업을 돕겠다고 하는 의사를 전달한 것에서 비롯되었다. 天平15(743)년에 오오미국(近江國)의 시가라키노미야(紫香樂宮)(시가현(滋賀縣) 고가시(甲賀市))에서 내린 대불 조립의 조 가운데 쇼무(聖武) 천황은 조립의 대사업에 맞아 '한포기 풀, 한 줌 흙' 운반을 협력한 민중의 '지식'을 기대하였고, 사회사업을 하면서 헤이조쿄(平城京)와 기나이(畿內)의 민중에게 불교를 포교해서 절대 지지를 모았던 교키(行基; 668~749)를 天平17(745)년 정월에는 대승정(大僧正)에 발탁하였고, 교키(行基)가 이끄는 제자, 민중들이 '지식'집단의 협력을 얻을 수 있게 되었다. 공인들이 모두 엉거주춤하는 중에 대불 주조를 담당한 기술 관인은 구니노키미마로(國君麻呂)(뒤에 國中連公麻呂; ~774)였었던 만큼, 그는 백촌강 패전의 天智2(663)년에 백제로부터 망명했던 관인의 손자여서 백제계 도래인의 기술이 활용된 것이었다.

대불이 완성에 가까웠던 天平勝寶 원(749)년, 무쓰국(陸奧國)의 수(守)인 구다라노코니키시 교후쿠(百濟王 敬福)로부터 관내(管內)인 오다군(小田郡)에서 산출된 황금이 헌상되었다. 국내에는 산출되지 않았던 금이 무쓰(陸奧)의 땅에서 출현한 것을 쇼무(聖武) 천황은 기뻐 대불을 향하여 스스로를 '삼보(三寶)의 노(奴)'라 칭하며 산출된 금을 보고하였다. 금이 산출된 건 신불(神佛)이 대불조립을 축하하여 표출한 것이라 받아들였고, 연호를 '天平'에서 '天平感寶'로 고쳤던 바 정계에도 큰 영향을 초래하였다. 이때 금이 생산된 유적이 고가네야마(黃金山) 산금유적(미야기현(宮城縣) 도오다군(遠田郡) 와쿠야정(涌谷町))이다. 사금이 산출되는 개울을 연하여 고가네야마진자(黃金山神社)의 땅은 발굴 조사에 의해 나라(奈良) 시대 육각형 건물지와 '天平'이라 대칼로 쓴 문자가 기재된 와제 보주(寶珠) 등이 발견되었다. 이 산금에 관한 광업기술은 무쓰수(陸奧守) 구다라노코니키시 교후쿠(百濟王 敬福) 밑에서 백제계 도래인의 기술이 발휘되었던 것이라 생각된다.

대불이 드디어 완성을 맞이한 건 대불 조립의 조로부터 9년인 天平勝寶4(752)년이었다. 4월 9일 불교의 동방유전을 기념하는 성대한 개안공양회(開眼供養會)가 도다이지(東大寺)에서 거행되었다. 쇼무(聖武) 태상천황, 고묘(光明) 황태후, 고켄(孝謙) 천황을 필두로 백관이 함께 하고, 승니가 1만(『東大寺要錄』에는 '請僧千卄六口' '衆僧沙弥尼幷九千七百九十九人')이나 모였다. 개안사(開眼師)는 인도승 보다이센나(菩提僊那) 승정, 주원사(呪願師)는 당승 도센(道璿) 율사이며, 아시아 각지의 무악이 연주되었다고 하며, 국제색이 풍부한 의식이었다.

이처럼 나가노보리 도잔(長登銅山)을 필두로 각지에서 개개의 지역역사가 깊게 중앙의 역사와 결합되어 대불을 둘러싼 일본 열도의 고대사가 전개될 수 있었다.

雪國의 지방관아

요시카와 신지(吉川 眞司)

다지마국(但馬國)과 고대목간

다지마(但馬)는 현재 효고현(兵庫縣) 북부지역을 말한다. 오래전 多遲摩(但遲摩) 국조(國造)가 다스렸다고 하며, 7세기 율령체제의 형성과 함께 새로운 행정조직이 생겨나게 되었다. 아사코(朝來), 야부(養父), 이즈시(出石), 게타(氣多), 기노사키(城崎), 미쿠미(美含), 후타카타(二方), 시쓰미(七美)라는 8개의 고호리(評, 郡)가 설치되어 현지 지배를 담당하고, 이곳을 중앙에서 파견된 국사(國司)가 통괄하게 되었다. 이러한 영제(令制)의 다지마국(但馬國)이 탄생되어 산음도(山陰道)의 두 번째 국으로 자리매김하게 되었다.

다지마는 산악국이다. 거의 중앙을 완만하게 어머니 강이라 불리는 마루야마천(円山川)이 북으로 흐르고, 기노사키(城崎) 온천 가까이에서 동해로 유입된다. 초봄에 그 수량이 증가하는 건 다지마가 설국이기 때문이다. 야부군(養父郡) 출신의 야마다후우타로(山田風太郎)는 30㎝ 정도 쌓이지 않는다면 눈이 내린 느낌도 없다고 쓰고 있다. 깊은 눈에 갇힌 흐린 하늘만의 겨울. 그건 고대에서도 마루야마천(円山

川)의 흐름과 함께 다지마의 지역성을 특색 짓는 것이었다.

다지마국(但馬國)에서는 고대 관아 유적이 다수 발견되지만 주목해야 할 건 그러한 풍토 덕분에 목간의 출토 점수가 많은 것이다. 마루야마천(円山川)의 하구에서 20km 거슬러도 표고는 10m에 못 미친다. 이 완만한 하류, 그리고 습한 기후는 때로 홍수피해를 가져다주지만 한편으로 유적의 토양에 충분히 물을 적셔주어 목간에 긴 수명을 부여해 주었다. 국사(國司)가 주류하는 국부(國府), 군의 중추조직인 군가(郡家), 게다가 국분사(國分寺) 유적 어디에서나 양호한 상태로 목제품이 출토된다.

다지마국의 관아유적에서는 다지마국부(但馬國府) 유적으로 보이는 뇨가모리(祢布ヶ森) 유적, 그 관련 유적인 후카다(深田) 유적, 가와기시(川岸) 유적(모두 도요오카시(豊岡市) 히다카정(日高町))의 조사가 진행되고, 두루마리 축에 제목을 붙이는 '제첨축'을 시작으로 9세기 국사업무와 관련된 목간이 발견되었다. 또한 하카자(袴狹) 유적, 스나이리(砂入) 유적, 아라키(荒木) 유적, 이루사가와(入佐川) 유적(이즈시정(出石町)) 등은 이즈시군(出石郡)에 관한 유적이라 생각되지만, 이중 하카자(袴狹)유적에서 출토된 8~10세기 목간은 군가(郡家)의 기능을 구체적으로 엿볼 수 있어서 정말 흥미롭다. 그 일부를 소개해 보고자 한다.

정창(正倉)의 관리

하카자(袴狹) 유적은 다지마국(但馬國) 이치노미야(一宮)인 이즈시진자(出石神社)에서 북으로 약 1km, 마루야마천(円山川) 지류의 하카자천

(袴狹川) 연안에 입지한다. 유적의 동단 가까운 지역(우치다지구(內田地區))에서는 수많은 고대건물 유구가 발견되었다.

　도랑, 연못, 도로 등의 유구도 있고, 시기적으로는 나라(奈良) 시대와 헤이안(平安) 시대 전기의 2시기로 크게 구별된다. 건물 유구는 대부분 헤이안(平安) 전기의 것이며, 내전지구의 동쪽은 차양이 있는 건물을 비롯한 건물군, 서쪽은 초석 위에 세운 창고군이 발견되었다.

　이같은 유적의 모습은 묵서토기의 내용과도 잘 대응한다. 내전지구 동반에서는 '出石領' '出領' 이라는 국사(郡司) 관련 묵서가 발견되고, 서반에서는 '秦' '讚' 등 인명이 눈에 띤다. 아마 동반에는 이즈시군(出石郡)의 사무 건물이 있고, 서반에는 창고가 나란히 있어서 각각 다른 인물들이 움직이고 있었을 듯 하다. 고대 군가에는 '正倉'이라 불리는 곡식 창고군이 부설되어 전조(田租) 수취와 스이코(出擧: 벼의 고리대) 경영의 기지가 되었다. 창고의 출납책임자를 '세장(稅長)' 징수역을 '하타리베(徵部)'라 불렀고, 묵서토기에 보이는 '秦' '讚'은 그러한 사람들이었을 것이다.

　목간에도 출납업무에 관련된 것이 포함되어 있다. '□□(寶龜?)九年□□□西七倉稻下'라 써진 목간에서는 이즈시군(出石郡)의 창고가 동서로 나뉘고, 西七倉에 벼가 수납되어 있던 것을 읽어낼 수 있을 듯하다. '□ 西二行二倉□收納 □□□□□二', 라는 목간도 있어서 서측 창고군이 2열 이상으로 나란히 되어 있던 것을 추측할 수 있다. 이 목간의 뒷면에는 '□□收納日下部乙訓'이라는 인명이 보이며, 아마 그는 세장(稅長)이었던 건 아닐까. 이외에도 벼의 수납을 기록한 장부목간,

백미의 부찰, '皇后宮稅' 진상에 관한 목간 등이 나왔으며 하카자(袴狹) 유적의 창고군이 이즈시군(出石郡) 정창의 일부였던 것을 강하게 시사한다. 역시 '秦' '讚'이라는 성은 묵서토기 뿐 아니라 목간에도 보이며 또 '諸鄕徵部'라 쓰인 제첨축도 출토되어 위의 추정을 뒷받침한다.

이와 관련하여 상당히 흥미로운 게 다음 2점의 목간이다.

①「∨物部□長□ ^{[諸?] [質?]} □□支一□ □□二口 □□□□∨」

②「∨物部眞貞質置馬□子十五隻 ^[曳?] □□□ 鍬二口」

끈을 거는 절입부가 있어서 모두 담보물(質物)에 부착한 찰이라고 생각된다. ①의 담보물 내용은 알 수 없지만 ②는 '馬曳子'라는 도구 같다. '鍬'라는 주기가 보이므로 경작에 사용되었을지 모르나 우마로 깊이갈이(牛馬耕)를 하는 건 가마쿠라(鎌倉)시대에 보급되었다고 생각되므로 신중한 연구가 필요할 듯 하다.

어쨌든 이런 담보물付札이 하카자(袴狹) 유적에서 도대체 왜 출토되었을까. 나는 하나의 가능성으로 이런 담보물은 田租나 出擧稻를 납입할 수 없었던 인물들로부터 대신 차출한 건 아닌가 생각한다. 세장(稅長)와 징부(徵部)는 엄격히 조세 징수를 하고, 때로는 미납자의 토지를 팔아서 지불하는 일까지 있었다. 그리고 하카자(袴狹) 유적의 목간에는 구분전(口分田)의 처분에 관련되는 것도 포함되어 있다. 그러나 그만큼 중대하지 않은 미납에 대해서는 잠시 담보물을 받아놓고 지불이 끝나면 주인에게 되돌려주었다고 추정할 수 있다. 그렇다면 ①,②의 부찰은 담보가 반환될 때 또는 미납되어 소유권이 사라졌을 때는 필요가 없어 폐기된 것일 듯하다.

이건 어디까지나 추측이며, 확증이 있는 건 아니다. 어쨌든 하카자(袴狹) 유적의 목간에는 정창의 출납에 관련된 게 상당히 포함되어 있고, 그 배후에 가혹한 조세징수업무가 있었던 것만은 거의 의심의 여지가 없다고 여겨진다.

잡요(雜徭)의 운용

하카자(袴狹) 유적의 목간은 이 외에도 다양한 게 있다. 특히 유명한 건 타인이 경작하는 것을 금하기 위해 봄의 밭에 세워둔 '금지찰'이 있다. 확실한 것만 4점이 있다. 누가 세웠는지, 왜 군가(郡家)유적에서 발견되는지에 대해 논의가 있고, 다지마의 고대말기의 사회상황을 고찰할 단서가 된다.

그러나 문자는 읽어 낼 수 있어도 무엇을 쓰고 있는지 짐작할 수 없는 목간도 많다. <그림1>에 실은 건 그처럼 난해한 목간의 하나이다. 하단이 부러져 있지만 그럼에도 34㎝ 정도가 남아 큰 장부목간으로 9세기의 것. 현 상태에서 8월 10일부터 15일에 걸쳐서 이를테면 '貞長二井'이라는 식으로 <인명+○井>이 많이 기록되어 있다. 1인 2우물을 표준으로 하고, 뒷면에는 '合九十五井'이라 총계가 쓰여 있다. 도대체 무슨 장부였을까.

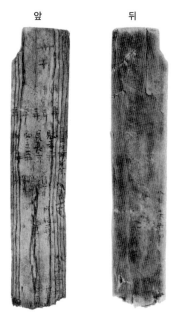

그림1. 하카자(袴狹)유적 출토 목간

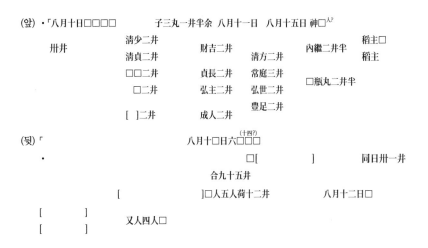

(앞) ・「八月十日□□□□　　　　子三丸一井半余　八月十一日　八月十五日　神□ᴬ?

　　　　　　　　清少二井　　　　　　　　　　　　　　　　　　　　　　　　　稻主□
　　　卅井　　　　　　　　　　財吉二井　　　　　　　内繼二井半
　　　　　　　　清貞二井　　　　　　　　　　清方二井　　　　　　　　　　　稻主

　　　　　　　　□□二井　　　　貞長二井　　　常庭三井
　　　　　　　　　　　　　　　　　　　　　　　　　　　　　□瓶丸二井半
　　　　　　　　　□二井　　　　弘主二井　　　弘世二井

　　　　　　　　　　　　　　　　　　　　　　　　豊足二井
　　　　　　　[　]二井　　　　成人二井

(뒷)「
　　　　　　　　　　　　　　　　　　　　　　　　　　　(十四?)
　　　　　　　　　　　　　　　八月十□日六□□□

　・　　　　　　　　　　　　　　　　□[　　　　　]　　　　同日卅一井

　　　　　　　　　　　　　合九十五井

　　　　　　　[　　　　　　　]□人五人荷十二井　　　　八月十二日□

　[　　　]
　[　　　]　　又人四人□

우물을 굴착한 개수라고는 생각되지 않는다. 하루에 2개의 우물을 굴착하기란 무리일 듯 하며, 총 95기의 우물이라고도 해석되지 않는다. 뒷면에 '□人五人荷十二井'이 있으므로 '○井'은 '荷'로 운반된 물품으로 '井'은 그 단위로 보는 게 온당할 듯 하다. 여기서 상기되는 건 짚, 건초, 대나무, 회나무껍질 등을 헤아리는 '圍'이다. '圍'의 속자가 '囲'이며, 그것을 더욱 생략해서 '井'이라 쓴 것이라 여겨진다.

날짜는 음력 8월, 한창 가을임을 알 수 있다. 이러한 계절, 이즈시군가(出石郡家)에 납입된 '圍'단위의 물품으로서 가장 생각하기 쉬운 게 짚일 것 같다. 수확된 벼는 한 달 정도 건조한 후 탈곡시키며 그 부산물로서 짚이 나온다. 조생지대라면 7월부터 벼베기가 시작되며, 8월 중순에 '햇짚'이 수납되어도 이상하지 않다. 1圍란 직경 1척 정도의 묶음을 말하며, 1圍=10束이란 사료도 있다(平城宮木簡). 다지마(但馬)에서는 1인당 2圍, 즉 양손에 1圍씩 짚을 군가(郡家)로 가져오게 했던 것이다. 또한 이 목간을 건초의 수납장부라는 견해도 있지만 대세에는 거의 영향이 없다.

그렇다면 왜 짚이 징수된 것일까. 여러 사료를 검토해도 다지마국(但馬國)의 조세품목에 짚은 나오지 않는다. 또한 다지마국(但馬國)을 비롯한 天平 연간의 諸國正稅帳(재무보고서)에도 짚은 나오지 않으며, 정창의 벼를 지출하고 짚을 구입했다고 생각되진 않고 굳이 세목을 요구했다면, 짚은 물건으로 납입된 '雜徭'라 생각하는 게 가장 자연스럽다. 잡요의 지출을 정한 법령에는 '採藁丁' '蒭丁' '採松丁' '炭燒丁' 등이 보이므로, 짚(藁), 건초(蒭), 땔감(薪), 숯(炭) 등이 잡요로 조달

되었던 것을 추측할 수 있다. 도성의 관사(官司)라면 가지고 있는 동전을 사용하여 땔감, 짚, 야채, 오이 등을 구매하였겠고, 국부(國府), 군가(郡家)에서는 이렇게 저렴하고 잡다한 일용품은 잡요라는 명목으로 징수하여 일상 업무에 사용하였을 것이다.

예를 들어보자. 나가노현(長野縣) 야시로(屋代) 유적군에서 발견된 시나노국(信濃國) 하니시나군(埴科郡)의 군부목간(郡符木簡)은 인부(人夫)라는 노동력과 함께 깔개(敷席), 송어(鱒), 미나리(芹) 등의 물품을 징발하고 있으며, 이것도 잡요로 징수된 것이라 생각된다. 또한 이나바국(因幡國) 다카쿠사군(高草郡)의 정창에 관한 돗토리현(鳥取縣) 이와요시(岩吉) 유적에서는 '果'단위의 물품 장부목간이 출토되었고, 단위로 볼 때 오이의 출고기록이라 생각된다. 오이 또한 물납된 잡요품목이었다고 생각해도 좋다. 잡요라고 하면 기존에는 역역으로서의 측면만 강하게 주목받았지만 지방관아 유적에서 출토된 목간은 이러한 견해에 강하게 수정을 요하는 것이라 할 수 있다. 역시 현지의 1차사료는 힘이 있다.

앞서 본 담보물부찰이나 짚의 수납장부목간도 모두 「但馬國正稅帳」 등에서는 엿볼 수 없는 말단의 율령행정 실정을 비추는 것이었다. 눈이 녹은 물에 잠긴 수많은 고대 목간은 앞으로도 고대 다지마(但馬)의 역사상을 풍부하게 해 줄 것이다.

제4장

동아시아의 목간문화
- 전파 과정을 해독하다

동아시아의 목간문화
- 전파 과정을 해독하다

이성시(李成市)

기시 도시오(岸俊男)씨는 『木簡研究』 '창간의 말'(1979년)에서 앞으로의 목간연구 과제에 대해 다음과 같이 서술하고 있다. '일본 목간의 원류인 중국의 간독과의 관계와 그 일본으로의 전래과정, 혹은 다종다양한 목간의 분류와 그 성격, 기능의 규명 등 많은 기초적, 본질적인 문제에 대해서는 모든 해명의 실마리가 잡히지 않을까 하는 게 현실이다'.

본서에서 본 것처럼 그 후 발굴과 연구의 성과에 의해 일본 열도에서 다종다양한 목간의 분류와 그 성격, 기능의 규명은 장족의 발전을 이루었다. 한편 일본 목간의 원류인 중국 간독과의 관계와 일본으로 전해진 과정에 대한 구체적인 검토는 최근에 이르기까지 거의 손대지 않고 그대로 남아있다. 그 이유는 몇 가지 있겠지만 우선 중국에서 간독이 활발히 사용되던 시기(秦漢시대부터 4세기 무렵)와 일본에서 목간이 사용되기 시작한 시기(7세기 중반)가 크게 차이 나고, 양자의 관계를 찾아내기 어려운 상황에 있었던 것을 들 수 있다. 게다가 소위 중간지역에 있는 한반도의 목간 출토예가 적기 때문에 그 실태를 파악하기 어려웠던 것도 큰 이유의 하나이다. 한국에서 목간이 최초로 발견된 건 1975년이지만 본격적으로 검토 대상이 된 건 2000년대 들어서면서 부터이다. 그 후 한국 각 지역에서 출토예가 전해지게 되었고, 그들 목간을 망라해서 개관한 『韓國의 古代木簡』(國立昌原文化財研究所)가 2004년 간행되었다. 이것을 계기로 그때까지 출토된 목간의 재검토가 이루어졌고 출토예도 급격히 증가하기 시작하였다.

여기서는 이 사이 한국에서 최신 발굴성과에 힘입어, 한반도 여러 지역에서 출토된 목간을 거론하면서 중국에서 한반도로 목간문화가 전파되고 수용되었던 과정을 동아시아 지역 전체의 상황을 염두에 두고 검토하는 것으로 한다.

1) 한반도에서 출토된 다양한 목간

한반도 출토 목간의 개황

한반도 출토 목간은 현재까지 낙랑군 유적을 포함하여 27개소에서 580여점이 확인되었다(그림1). 경주, 부여라는 신라와 백제의 왕경을 중심으로 신라와 백제의 지방에 소재한 산성 등에서도 발견된다. 통일신라시대까지(10세기 초무렵) 지방의 관아는 산성에 두어졌을 가능성이 있기 때문에 목간이 출토한 지방의 산성 중에는 지방관아가 포함된 것으로 보인다.

이 10년 정도의 사이에 다양한 목간이 확인되었고, 하찰, 부찰, 전

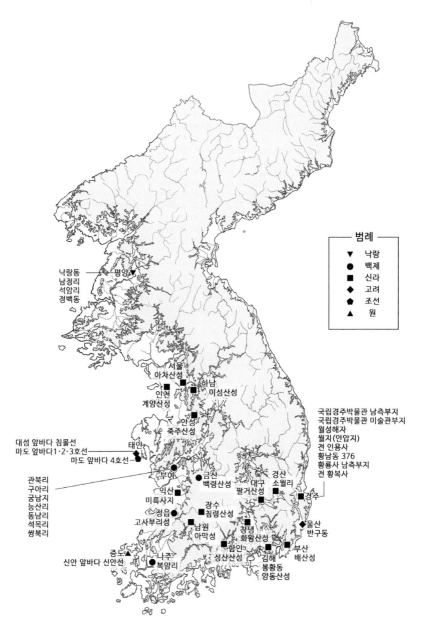

범례

▼ 낙랑
● 백제
■ 신라
◆ 고려
⬠ 조선
▲ 원

낙랑동
남정리
석암리
정백동

평양▼

서울
아차산성

인천
계양산성

하남
이성산성

안성
죽주산성

대섬 앞바다 침몰선
마도 앞바다1·2·3호선
마도 앞바다 4호선

태안

관북리
구아리
궁남지
능산리
동남리
석목리
쌍북리

부여

익산

미륵사지

금산
백령산성

경산
소월리

대구
팔거산성

국립경주박물관 남측부지
국립경주박물관 미술관부지
월성해자
월지(안압지)
전 인용사
황남동 376
황룡사 남측부지
전 황복사

경주

정읍
고사부리성

장수
침령산성

남원
아막성

창녕
화왕산성

울산
반구동

증도▲
신안 앞바다 신안선

나주
복암리

함안
성산산성

김해
봉황동
양동산성

부산
배산성

그림 1. 한반도 목간 출토유적 분포지도

표, 장부, 문서목간을 비롯하여 『論語』를 서사한 목간, 呪符목간, 습서목간, 제첨축, 봉함목간, 삭설 등 대개 일본열도에서 출토되는 것과 동일한 다양한 종류의 목간이 확인된다.

월지 출토 식품부찰목간

1975년 경주 월지 발굴 당시 발견된 목간은 한국에서 최초의 출토 사례였다. 당시 연구조건도 있어서 충분한 조사가 이루어지지 못했고, 8세기에 신라 궁정관아에서 사용되었다고 하면서도 목간의 성격에 대해서는 명확하지 않은 점이 많았다. 그러나 최근 적외선 카메라를 통한 조사 결과 목간의 묵서가 있는 약 40점 가운데 21점이 부찰인 것으로 판명되었다.

그 가운데 대략 '연월일+作+동물·어류명+가공품명+용기명' 의 형식으로 된 게 14점에 달한다. 동물명에는 멧돼지(猪), 노루(獐), 새(鳥) 등이 있고, 어류에는 加火魚(가오리), 魚(물고기) 등도 적혀 있다. 이러한 가공품명에는 '醢'(醯) '鮓'가 있고, 醢는 '젓갈'로 물고기와 동물고기를 소금에 절인 것이다. 또한 이러한 문자와 동일 개소에는 '助史'라 적힌 게 있다. 현대 한국어로 젓갈은 '젓'(jos)이며, 助는 '저'를, 史는 'ㅅ'의 음을 서사한 게 판명되었고, '助史'가 '醢'(醯) '鮓'와 유사한 가공품명으로 쓰이고 있음이 드러났다.

말미에 적힌 용기명에는 '缶' '瓷'등이 보인다. 월지에서 출토된 대형 옹이(높이 147㎝, 구경 57㎝)에는 동체 상부에 '十石入瓷'이라 새겨져 있는 게 있고, '瓷'은 이 같은 대형 옹을 가리키는 것이다. 월지 목간에는 같은 식품부찰에 '第一行瓷'라 적힌 것이 있고, 옹이 열을 지어 있었던 것을 짐작해 볼 수 있다. 나가오카쿄(長岡京) 목간과 헤이조쿄 (平城京) 목간의 '八條四' '二條六' 처럼 옹의 위치를 표시하는 예가 상기된다.

월지는 신라 궁정의 동궁관아가 소재한 곳이므로 동궁의 주방(포전 (庖典))에는 옹이 열을 지어 많이 놓여 있었을 것이다. 이러한 부찰은 동물, 어류를 삭힌 발효식품에 부착된 것이며, 따라서 목간을 용기에 일괄적으로 부착해둠으로써 장기간 보관에 대비한 것으로 생각된다.

월지 부찰목간은 제한된 조건 아래 발굴조사에 의해 검출된 목간이고, 대부분 식품의 부찰이며, 문서류가 거의 확인되지 않았다. 이러한 현상은 통일신라에 목간이 측정 용도에 한정되어 사용되었음을 추측할 수 있다.

월지 출토 전표

월지에서는 이외에도 궁정 관아에 관한 목간이 출토되었다. 그 하나로 동궁관아의 문 이름을 적은 목간이 있다. 앞뒤면에는 4개의 문 (隅宮北門, 同宮西門, 東門, 開義門)의 이름이 적혀있고, 문의 명칭 아래에는 작은 문자로 인명이 할서되어 있어 일본 궁전지에서 출토된 소위 병위(兵衛)의 목간과 매유 유사하다. 그 선상에서 그러한 유사성에서 식량지급 등에 관한 기능을 가진 전표라 추측된다.

또 대황(大黃), 황연(黃連) 등 13점의 약물명과 분량을 적은 삼각 기둥모양의 목간이 출토되었다. 그들 약물명에는 약물명의 우측 어깨부에 각각 '了'자의 합점(合點)(확인하기 위한 부호)가 부여되어 있는 것에서 약물청구의 리스트(전표)이며, 합점이 약물을 수수할 때 부여되었다고 추정할 수 있다. 이러한 약물목간은 일본에서도 후지와라쿄(藤原京)에서 출토된 예가 있고, 그 유사점에 대해서도 이미 지적된 바 있다. 신라의 궁정관사에는 약전(藥典)이 있고, 약물목간은 그 같은 관사와 관련지을 수 있다.

고려 시대의 죽제하찰

월지 출토분을 포함해서 지금까지 출토된 목간은 6세기 전반부터 8세기 무렵의 것이 대부분을 차지하고 있으며, 그 후 고려와 조선왕조의 목간 출토예가 최근까지 없었기 때문에 중세, 근세 목간이 다수 출토되고 있는 일본과 큰 차이가 있다고 생각되었다.

그러나 2007년에는 충청남도 태안 앞바다 해저에서 고려청자 등과 함께 목간이 발견되었다. 2009년에는 13세기 초의 고려시대 목간이 다양한 화물과 함께 같은 충청남도 태안 앞바다 해저에서 발견되었다. 또한 최근 들어 울산시 반구동에서 물품을 보낼 때 부착된 고려말 혹은 조선왕조 전기(14~5세기)의 목간 출토가 보고되었다.

특히 중세 목간으로서 주목되는 건 후자(충청남도 태안군 근흥면 마도)에서 발견된 목간이다.

해저 침몰선에서 쌀, 조, 보리, 콩 등의 곡물과 염장식품, 죽제품, 도자기, 석탄 화물 등과 함께 목간이 확인되고, 그것들은 물품에 부착된 하찰로서 이용되었다. 흥미로운 건 목간 외에도 대나무를 쪼개어

안쪽 혹은 바깥 면을 이용한 묵서가 있는 부찰이 다수 포함된 사실이다(그림2). 목간과 마찬가지로 상부에 절입부가 있는 것도 있다. 현재까지 이러한 죽제 하찰과 목간은 모두 64점이 확인되었다.

하찰의 연대는 '丁卯' '戊辰'이며 각각 1207년, 1208년으로 추정된다. 지명은 竹山縣, 會津縣, 遂寧縣 등 전라남도 영암 부근의 지명이 검출되며, 그 지역에서 발송된 화물이 왕경 개성으로 향해 수송되던 도중에 조난당했을 것으로 보인다. 발송지 중 하나인 죽산현은 대나무의 산지로 유명하며, 실제 화물 중에는 죽제품도 포함되어 있다. 죽제 하찰은 그런 풍부한 대나무가 이용되었던 것 같다. 하찰에는 '大將軍金純英' 처럼 사서나 묘지에 이름이 전하는 인물도 있었다.

하찰의 서식은 다음과 같이 연월일, 발송지, 수신자, 물품명, 수량으로 되어있고, 말미는 화물의 적재에 관련된 것과 수결이 있다. 연월일 등 그 외의 부분이 생략된 게 대부분인 만큼 대략 이 같은 서식이 완비된 것으로 추정해둔다.

그림2. 고려시대 죽제 하찰

① 丁卯十二月二十八日竹山縣在京檢校大將軍尹起華宅上
　　田出粟參石各入弍拾斗印
　　　　□□載□倉長

고려시대의 하찰목간이 발견되었고, 게다가 조선시대의 목간이 발견된 것에 의해 한반도에서도 특정 용도의 목간은 오랫동안 계속 사용되었음이 판명되었다.

신라의 하찰목간

이처럼 고려 침몰선에서 발견된 하찰의 형태는 함안 성산산성 목간으로 거슬러 올라갈 수 있다. 그것들은 약 600점인 한국 국내 출토목간의 대략 절반을 차지하고 있어서 6세기에 신라가 축조한 산성에서 출토되었다. 1992년부터 2009년까지 발굴조사에 의해 동쪽 성벽의 내측에서 집중적으로 출토하였고, 거의 동일한 서식을 갖는 것을 특징으로 한다. 그러므로 동일 용도와 목적을 가지고 사용된 목간이라 추정된다.

그 전형적인 서식은 '군명+촌명+인명+관위+물품명+수량' 또는 '촌명+인명+관위+물품명+수량'으로 되어있다. 목간의 형태는 하단에 절입부가 마련되어 있거나 혹은 구멍이 뚫려져 있다. 이것들은 물품에 부착하기 위한 가공이므로 하찰로서의 용도에 필요한 형태를 갖추고 있는 것을 알 수 있다. 이처럼 하단에 절입부가 있는 목간은 고대 일본의 초기 것에서도 확인된다.

목간에 적혀 있는 물품명은 피(稗)가 압도적으로 많고, 다음으로 보리가 몇 점 있으며, 쌀도 1점이 검출되었다. 목간은 곡물 등 물품에 부착되어 성내로 반입되었다고 생각된다. 연월일을 적지 않은 건 폐기하는 양상으로 봐서 산성을 축조하기 위해 동일시기에 일제히 사용되었던 것에 의한 것이라 추정된다.

이들 목간을 부착한 물품을 성산산성에 송부한 주체(송부한 사람들)은 목간의 시작부에 적힌 지명의 분석에 의해 낙동강 상류의 일정 지역에 집중되어 있다. 그것들은 신라가 552년에 설치되었다고 하는 광역의 군사적 행정적 구획인 '上州' 안에 위치하므로 이들 지역에서 낙동강을 이용해서 하류에 위치한 성산산성에 도달하게 된 것으로 보인다.

물품의 하찰로서 목간의 사용 시기는 목간에 적힌 신라의 외위(재지수장의 신분)의 표기법에서 보면 늦어도 561년 무렵이라 보인다. 이 시기는 신라가 안라국(가야제국 중 유력국. 『日本書紀』는 562년에 멸망한 '任那'의 일국으로 비정)을 정치적으로 종속시킨 시기와 일치한다.

제작기법과 일행쓰기

성산산성 목간을 필두로 6세기부터 7세기 신라 목간의 대부분은 소나무 가지를 이용하고 있다. 제작기법을 관찰해보면, 가는 가지를 먼저 반으로 쪼개고, 자른 면은 대부분의 경우 조정하지 않고, 반대면의 문자를 기록하는 쪽의 나무껍질을 벗겨내어 조정하고 있다. 하나의 작은 가지를 절반으로 나눌 경우 효과적으로 2개의 목간을 만들어낸다. 이같이 제작된 1면, 혹은 양면에 1행으로 쓸 수 있지만 고(觚)라 불리는 사면체의 목간도 기본적으로는 부찰과 마찬가지로 가는 가지의 사면의 나무껍질을 벗겨 사면체로 조정해 만든 것이다.

이러한 6세기부터 7세기의 신라목간에 소나무의 가는 가지 이용

방법은 고대 중국 서역의 누란(樓蘭)과 니야(尼雅) 유적 출토 위진(魏晉) 시대의 목간작성과 매우 유사하다는 지적이 있다. 고대 일본에 있어서도 7세기 후반대의 문서목간은 1행 쓰기를 특징으로 한다. 그들 문서목간의 폭은 2~3㎝ 정도로 좁다. 일본 목간은 회목과 삼목 등으로 만든 판재를 사용하니 폭 넓은 목간을 만들 수 있음에도 불구하고 2~3㎝로 한정된 건 이 무렵 한국 목간의 영향을 받은 것이며, 더욱이 그것들은 위진남북조의 중국 목간의 영향을 받은 건 아닌가 추측된다.

2. 한반도 출토 문서목간

문서형식을 갖춘 목간

지금까지 보았던 한반도 출토 목간은 하찰과 부찰, 전표류가 많이 출토되고 있다. 물론 고대 중국이나 일본에서도 목간은 부찰, 전표로 이용되고 있고, 게다가 문서 행정 등의 수단으로 널리 이용되고 있다. 아직도 약간이긴 하지만 한반도 출토 목간에도 이 같은 문서행정에 관한 목간이 검출되고 있다. 그중 1990년에 이성산성(경기도 하남시)에서 출토된 '戊辰年' 이라 서두에 적힌 목간이 있고, 또 600년 전후의 유적이라 추정되는 경주 월성해자 목간, 게다가 최근 월지 목간 중에서도 문서형식을 가진 목간의 존재가 지적되고 있다.

우선 이성산성 목간은 고(觚)라 불리는 사면체 형태를 띠며 묵서는 3면에 걸쳐 다음과 같은 묵서가 보인다.

②(앞 면)·戊辰年正月十二日明南漢城道使

(좌측면)·須城道使村主前南漢城城火□□

(뒷 면)·城上蒲黃去□□□□賜□

　이 이성산성 목간은 하단이 결실되었으나, 그 내용은 '戊辰年正月十二日 새벽에 南漢城 道使'가 '(□)須城道使村主'에게 발신한 문서라 추정할 수 있다. 그 근거는 좌측면의 '村主'의 다음에 기록된 '前'자이며, 이 같은 前字의 용례(某에 아뢰다)는 고대부터 현대에 이르기까지 보이는 것이다.

　그런데 이러한 형식의 목간은 고대 일본에서는 '某 앞에 아뢴다'(소위 '전백목간(前白木簡)')이라 부르고, 7세기 후반부터 8세기에 걸친 목간에서 비교적 많이 확인되고 있다. 그 문서형식의 유래는 중국 육조시대 무렵까지 올라가며, 그러한 문서형식이 일본으로 전해진 것은 백제 등을 매개로 해서 고대 일본에 수용된 것으로 추측된다.

　바로 이성산성 출토 목간은 이 같은 문서형식을 가진 목간이며, 그 사용 연차는 출토 유물과 다양한 상황에서 608년으로 보인다. 이러한 사실을 전제로 이성산성 목간은 일본에 다수 출토 예가 있는 '前白木簡'과 같은 형식을 가진 것이며, 중국 육조시대의 문서형식이 일본에 전파, 수용된 과정으로 추정하는 게 가능한 것으로 주목된다.

월성해자목간

　게다가 문서형식을 가진 목간에는 월성해자 목간이 있다. 이성산성 목간과 마찬가지로 사면체의 고 형태를 가진 목간에는 문서형식

을 보여주는 '牒'자가 보이며, 그 내용에 대해서도 종이 구입 청구를
위한 관사 간에 오간 사경소 관계문서로 보인다. 사면체의 내용은

③ (앞 면)·大烏之郎足下万拜拜白々
  (좌측면)·經中入用思買白不雖紙一二斤
  (뒷 면)·牒垂賜敎在之 後事者命盡
  (우측면)·使內

라 하고 그 해석에 대해서는 다음과 같은 시안이 있다.

대오지랑 족하에게 만배하며 아룁니다.
경에 들여 쓰려고 생각해서 흰 것이 아니더라도 종이 1~2근을 구입할 것.
첩을 내리시라는 교가 있었음. 뒷일은 명한 대로 다하여
使內

이성산성 목간과 마찬가지로 '某前申'형식의 구문과 같은 형태이
며, 이 해자 목간도 또한 '某足下白'이라는 형식의 문서형식을 보이
는 있는 것으로 고대 일본의 '某前白(申)'형식 문서의 직접적인 연원
이었던 것이라 보인다.

낙랑군시대 호구부의 발견
한반도 고대 문서목간의 연원이 어디까지 거슬러 올라가는가, 추
측하는 건 용이하지 않지만, 1990년대 초에 평양시 서남의 대동강

건너편에 있는 건설현장(낙랑구역 통일가)에서 발견된 정백동 364호분에서 '樂浪郡初元四年縣別戶口簿' 목독(이하 호구부로 생략)과 『論語』 죽간이 발견되었고, 최근에 이르러 그 사진이 공개되었다. 아직 정식 보고서는 간행되지 않았지만 2008년 말에 공개된 사진을 바탕으로 한국 연구자의 손에 의해 다음과 같은 사실이 밝혀지게 되었다. 호구부는 기원전 45(초원4)년에 낙랑군 소속의 25현의 호구수와 전년도 (기원전 46년)의 통계를 비교해서 그 증감을 기록하여 말미에 낙랑군 전체의 호구수와 호구의 증감을 기록한 통계부였다. 이것에 따르면 당시 낙랑군 25현의 인구는 280,361명(43,251호)이었다. 각 현마다 인구의 편차도 구체적으로 보여주고 있어 중국을 포함해도 현별 호구부의 발견 사례는 처음이다.

문헌사료에 의하면 한대에는 매년 8월에 말단의 鄕이 호구를 조사하고, 그때까지 호의 변동과 새로이 호를 등록해서 호적을 정리하고, 부본과 집계결과를 현에 송부한다. 현은 소속된 향에서 상신된 호적의 부본을 관리하고 그 결과를 집계하여 군부에 보고하는 것으로 되어 있다. 군에서는 지배하의 현에서 보고된 자료를 바탕으로 현별 호구를 집계해서 중앙에 보고한다. 평양에서 발견된 호구부에 의해서 낙랑군에서도 매년, 호구수 및 군정전반을 중앙에 보고하고 있었다고 추정되고, 초원4년의 호구부도 또한 기원전 45년에 조사된 결과를 행정사무 대략 상계(上計. 집계하여 중앙에 보고하는 것)를 위한 자료로서 작성한 통계부의 모습으로 볼 수 있다.

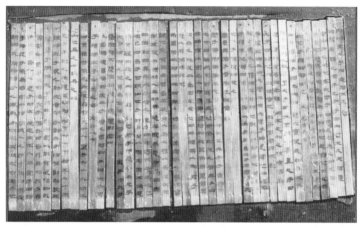

그림3. 낙랑군의 논어죽간

평양출토 『論語』 죽간

한편 같은 정백동 364호분에서 출토된 『論語』 죽간은 이전부터 발견 사실은 전해지고 있었지만 그 구체적인 내용은 불명이었다. 최근에 이르러 발굴 당시 촬영된 사진이 출현하였고, 위에서 서술한 호구부와 함께 출토된 게 처음으로 밝혀지게 되었다(그림 3).

이 죽간에는 통행본 『論語』의 선진, 안연편에 해당하는 장구가 적혀 있고, 사진으로 확인되는 건 선진편 33매, 안연편 11매여서 출토된 죽간의 1/3을 조금 넘는다고 추정된다.

죽간의 크기와 뒷면 상태는 확인하기 어려우나 중국 하북성 정주 한묘(기원전 55년)에서 출토된 『論語』 죽간과 거의 같은 형태이며, 각 죽간의 우측면에는 상중하의 3개소에 편철할 때 고정하기 위한 결구(끈을 걸기 위해 파낸 홈)가 만들어져있다. 결구의 크기가 변형되어 다양한 것으로 봐서 출토된 『論語』 죽간은 묘주가 장기간에 걸쳐 사용한 것으로 추정되며 『論語』 텍스트로서 가장 오랜 시기의 것이라 말할 수 있다.

정백동 364호분은 남성 유해 1구를 넣은 단장의 목곽묘이며 필기 용구로서 사용할 수 있는 環頭刀子와 관복에 사용된 허리띠가 부장되어 있는 등, 묘주는 생전 낙랑군부에서 호구부 작성 등의 행정업무를 담당하고 있던 속리였을 것이라 추정된다. 그가 한인이었는지 재지의 주민이었는가는 알 수 없지만 묘의 위치와 유물을 볼 때 위만조선(기원전 195~108년)이래 묘제의 연장으로 보이며, 현지출신의 낙랑군 속리였을 가능성이 높다.

목간문화의 전파와 문서행정

동아시아에서 목간문화의 전파라는 시점에서 중요한 건 호구부에 보이는 것처럼 한대의 문서행정이 낙랑군이 설치된 한반도 북부에도 동일하게 실시되어 이 지역에 기원전 1세기에는 문자를 통한 지배가 이입되었다고 하는 사실이다. 지금까지도 낙랑군 25현 중 23현의 이름이 새겨진 봉니가 출토되었다. 봉니란 문서를 封緘하기 위한 緘에 부착한 점토이며 이 점토에 인장을 눌러서 개봉할 때 떨어져 나가는 것인 만큼(뒤의 토픽 7참조), 이것에 의해 4군이 설치된 군현 상호간에 문서행정이 이루어졌음은 이전부터 추정되었었다.

여하튼 평양에서 출토된 호구부와 『論語』 죽간에 의해 낙랑군 설치 당시 이 지역 문서행정의 일단이 밝혀지게 되었고, 그 같은 업무

를 담당한 관리가 지니고 있던 서적으로서 『論語』가 죽간의 형태로
전해지고 있었던 것이 판명된 점에 주목된다. 정백동 364호분에서는
'그 외 몇 점의 해당시기의 공문서 抄寫本'이 출토되었다고 발굴 당
시의 모습이 전해지고 있다. 고대 한국의 문서목간의 연원을 추구하
는 데 향후의 검토가 기대된다.

장대한 『論語』목간

　평양 출토 『論語』 죽간과는 사용된 시기에 상당한 간극이 있지만
전혀 다른 『論語』가 2001년 한반도 동남부의 김해 봉황동에서 발견
되었다. 상하가 결실된 20cm 정도의 사각기둥 목간으로 거기에 『論語』
공야장 편이 적혀 있었다. 또한 2005년에는 인천 계산동 계양산성에
서도 오각기둥 목간이 발견되었고, 거기에도 공야장편이 적혀 있었다.
　양자는 모두 상하가 결실되었지만 현재 남아있는 문자를 현행 『論
語』 텍스트 상에 두고 보면 거의 같은 간격의 공백이 있으므로 원래
현재 손실된 부분에는 공야장편의 문장이 생략된 것 없이 적혀있었
다고 추정된다. 둘 다 복원하면 120cm에서 130cm 정도의 장대한 다
면체의 목재를 사용하여 충실히 『論語』 텍스트를 적은 목간으로 보
인다. 또 왕경이 아닌 지방에서 발견된 것도 공통한다.
　일본열도에서도 『論語』를 서사한 목간은 30점 출토예가 있지만 전문
을 서사한 건 없고 습서가 대부분이다. 또 문자의 탈락과 어순이 다른
것도 있어서 한국 출토 두 『論語』 목간과는 분명히 성격을 달리한다.
　다만 전자(김해에서 발견된 목간)는 6세기에서 7, 8세기 유물을 포함

한 유구에서 출토되었고, 후자는 출토유구는 신라의 유물을 포함한 백제시대 유물을 중심으로 보고되어 있는 등 모두 시대의 특정이 쉽지 않다.

『논어』 목간의 이용법

그러나 만약 복원안이 올바르다면 두『論語』목간의 특징은 서사 재료로서 목재의 내구성이란 특성을 살린 이용법에 있는 것으로 보인다. 이러한 목간이 사용된 배경으로 일본 고대에『論語』와『文選』이 학습대상이 되었던 것처럼 신라 국학제도라는 국가 교육기관과의 관련이 지적되었던 점에 유의할 필요가 있다.

신라 국학은 7세기 중엽에 연원이 있고, 682년에 제도로서 정비된 만큼 그곳에서의 교육은 유학 경전을 중심으로 하고 있으며 학습자에 의해『孝經』과 함께『論語』는 필독 문헌이었다.

출토된『論語』목간의 구체적 이용 방법을 추측하는 것에 참고할 만한 자료가 있다. 당에서는 과거시험에 경서의 문장 전후를 가리고 중간 일행만 보여주고 그 행간의 석자에 종이를 붙여 감춰진 문자를 맞히는 시험이 있었다는 것이다. 게다가 고대 일본의 학령에는 '하나로 가린 三言을 시험한다'도 보이고, 종이를 재단해서 세 글자에 첩을 붙인 첩지를 이용한 '試帖' '貼經'이 텍스트의 학습 성과를 측정하는 방식으로 이용된 게 알려져 있다.

당의 시험제도를 모방하여 고대 일본에서도 이루어 진것이라 추측되며, 경전과의 대응관계로 보면 신라 국학에서도 경전의 습득 정도를 측정하는 시첩이 있었을 가능성은 충분할 듯 하다. 장대한 형태의 『論語』목간은 초학자의 식자교본 같은 것이 아니라 시첩 같이 시험에 대비한 학습 도구로 보인다.

제사유적과 주부목간

한반도 남동을 남북으로 흐르는 낙동강의 중류역 좌안에 위치하는 창녕에는 이 지역을 내려다 볼 수 있는 곳에 화왕산성이 위치하고 있다. 그 산 정상부(해발 739m)의 남동측 계곡부의 연지에서 2002~05년 발굴조사에 의해 적석의 호안시설(14m×14m)이 발견되었고, 그 퇴적토의 저부에서 토기와 금속유물 등과 함께 목간 7점이 출토되었다.

유물은 무구(철제대도, 소도, (괘갑挂甲)), 마구(고삐, 등자), 생활용기(초두, 청동제 향합, 자물쇠, 열쇠, 다연, 쇠솥, 가위) 등이 있고, 그것들은 토기 등의 편년에 의해 9세기부터 10세기 유물로 추정된다.

출토된 7점의 목간 중에도 주목되는 건 높이 49㎝의 인간형의 목간으로 통나무 모양의 목재를 반으로 재단하고 원형을 띤 면의 상단 1/3부분을 깎아 머리를 표현하고 있다. 원형을 띤 부분에 눈, 눈썹, 코, 입, 가슴, 배, 손 등을 묵서하였고, 뒷면의 평탄부에 묵서가 있다. 이 인간형의 목간에는 정수리, 머리, 가슴, 다리 등 6개소에 작은 못이 박혀져 있고 머리를 빼고는 찌른 채 출토되었다. 거기에 적힌 묵서는

④ [ ]古仰[ ]年六月廿九日眞族
　　　　龍王開祭

라 한다.

화왕산성의 연지에는 앞서 서술한 바 금속제품 등 산성에서 쓰였다고는 생각하기 어려운 유물이 출토되었고 18세기 地誌에는 신라시대 산정상 연지에서 제사가 이루어지고 있었음을 전하고 있다. 목간에 적힌 '龍王'은 근대에 들어 조선 각지의 구관(舊慣) 조사에도 확인되어 있는바, 기우제의 제문 등에 나타난다. 또 '六月卄九日'은 기우제를 거행하기에 적합한 시기에 부합한다.

연지에서 출토된 목간에는 이밖에도 제사와 관련된 것을 포함하여 당해 목간은 창녕의 진산인 화왕산 정상부에 조성된 연지에서 기우제에 사용한 것으로 유물과 함께 제사 후 연지에 투기된 것이라 생각된다.

3. 백제 목간과 일본 목간과의 관계

출거(出擧)와 기록기술

지금까지 신라 목간을 중심으로 서술하였고 그것들은 하찰, 부찰, 장부 등이 중심이며, 정리된 내용을 전하는 목간은 없었다. 백제의 최후 왕도였던 부여에서는 1980년대부터 목간이 출토되고 있지만 역시 단편적으로 문자수가 적기 때문에 그 기능과 내용은 충분히 파악되지 않는다.

그러한 가운데 2008년 4월에 부여 쌍북리에서 주목할 만한 목간이 발견되었다. 시작부에 '戊寅年六月中佐官貸食記'라 적힌 목간에는 그 아래에 10인의 이름이 양면에 열거되었고, 인명 아래에는 각각 '石數'+"上" 石數+"末"石數'라는 기재형식을 가진다. '戊寅年'은 반출된 토기 등에서 618년으로 추정된다. 3세기 전반의 호남성(湖南省) 주마루오간(走馬樓吳簡) 가운데 관창(官倉)에서 곡물대여와 반환 기록을 적은 게 있고, 거기에 '貸食'이란 말이 보이며 이 목간이 식료로서 곡물을 대출할 때 장부였던 게 밝혀지게 된 것이다. 또한 '佐官'은 '官을 보좌한다'로 해석되지만 북위와 수의 용례를 보자면 장관을 보좌하는 중간층 관리인 서리층을 의미한다는 지적도 있다.

가령 '佃目之二石上二石末一石(개인명+식료 지급액+上(상납) 2석+末(미납) 1석'으로 적혀 있는 부분은 식료의 지급액=대부한 石數와 반납(上)한 석수, 미반납(末)의 석수이며, 고대 일본의 출거목간에도 동일한 표기가 사용되고 있다. 결국 이 목간은 식료로서 곡물을 대부한 관에 의해 출거(出擧)(공출거(公出擧))한 기록이라 생각되며, 개인명 아래 대부액을 적고, 더욱이 반납액과 미납액을 적어서 최후에 대부액의 총계와 반납액의 합계를 기록한 것이라 보인다.

이것에 의해 백제에서는 대부액의 오할에 해당하는 곡물을 이식으로 반납하는 것이 요구된 것을 알 수 있고, 이건 일본에서 '관에 의한 곡류 출거의 이식은 半倍'라는 규정과 동일하고, 동시대 당 등에도 마찬가지였다. 쌍북리 목간에 의해 백제에서는 적어도 7세기 전반 단계에 이미 체계적으로 '官半倍'의 원칙에 의한 곡류출거가 이루어지고 있었던 게 된다. 고대 일본에서는 8세기 이후 율령 잡령(雜令) 규정에 기반한 곡류출거가 이미 7세기 백제에서 이루어지고 있었다고 볼 수 있다.

이러한 견지에서 일본 출거제의 성립은 백제의 출거제에 강한 영향을 받은 것으로 추측된다. 쌍북리 목간의 발견은 바로 출거의 실시 방법과 기록기술이 하나가 되어 백제로부터 일본으로 수용된 것을 보여주고 있다고도 할 수 있다.

처음 확인된 제첨축

또한 쌍북리 출토 목간에는 표면에 '外椋ア鐵', 뒷면에 '代錦十兩'이라 적힌 부찰목간이 발견되었다. 목간에 적힌 '外椋ア(部)'는『周書』백제전에 기록된 22부 관사의 하나이며, 다른 문헌에는 없지만 그 관사명이 처음으로 나타난 게 된다.

게다가 이 '外椋部'가 적힌 목간과 함께 제첨축이 발견되었다. 제첨축은 제첨의 부분에 문서명을 적어 축 부분에 감은 문서의 인덱스 역할을 하는 것이지만 이 제첨축은 축 부분이 절단되었다. 그러나 제첨 부분에는 '与帳' 2자가 확인되어 제첨축인 것으로 밝혀졌다.

지금까지 한국에서 제첨축은 함안 성산산성에서 출토된 것으로 되어 있지만 그 후의 조사에서 문자가 발견되지 않았기 때문에 제첨축인지 아닌지 보류되었다. 그러므로 쌍북리 목간이 한국에서 최초로 확인된 제첨축이 된다. 앞의 장부와 함께 목간과 종이 문서를 병용하고 용도에 따라 구분하여 사용하였던 것을 알 수 있다.

쌍북리에서 출토된 상술한 3점의 목간은 7세기 초의 백제사상 자료로서 뿐 아니라 고대 동아시아에서 국가체제 시스템의 수용과 기록기술의 습득이라는 과제에 대해 부응하는 자료로서 주목된다.

백제 지방목간-나주 복암리목간

2008년 나주시 복암리 고분군 부근의 수혈유구에서 토기, 목기, 철찌꺼기, 숫돌, 금동제 이식 등과 함께 다양한 목간이 30여점 출토되었고, 이것은 백제의 지방에서 출토된 목간의 최초사례가 되었다. 그것들 가운데 '庚午四月'이라 판독할 수 있는 목간이 있는데, 610(무왕11)년에 해당한다고 보인다.

유구에서는 '官內用' '豆肹舍'라 각서된 토기가 발견되었고, '두힐'은 『三國史記』지리지에 따르면 발라군(發羅郡. 현재 나주) 영현이며 고려시대 회진현(會津縣)의 백제시대 지명이다. '官內用' 각서가 있는 토기도 발견되어 부근에 지방관아가 있었던 것으로 추정된다.

목간군 중에는 시작부에 '郡佐'(군의 부관?)라 적힌 60.8㎝의 한국 출토목간 중 가장 긴 것과 '水田二形' '畠一形' '麥田一形半'이라 적혀있고, 水田, 畠, 麥田의 경작지의 구분과 면적을 적은 목간, '丁' '中口' '小口'라 연령구분을 표시하여 보여주는 목간, 또 복암리 부근의 지명('毛羅', '半那'[半那夫里縣])과 함께 백제관인의 이름과 관위를 열거한 목간 등이 출토되었다.

그리고 약 30cm의 장방형 판자 일부를 오목하게 판 목간은 또 한편에 오목한 부분이 맞는 나무 조각이 있었다고 추정되어 그 사이에 문서를 끼워서 사용한 봉함목간으로 보인다.

특히 주목되는 건 水田, 畠, 麥田의 경작지의 구분과 면적을 적은 목간이다. '畠'는 일본의 國字로 생각되어 왔지만 이 목간에 의해서 백제목간에도 水田과 구별해서 '畠'자를 사용되고 있는 것으로 나타났다. 아무래도 畠자는 백제로부터 가져왔을 듯 하다. 게다가 561년 신라의 창녕 진흥왕비에는 '白田'과 '畓'(水와 田을 합친 문자)이 구분되어 써져 있고, 백제와 신라 사이에는 논과 밭을 구분하는 방식이 달랐다는 사실이 복암리 목간에 의해서 판명되었다.

복암리 목간은 7세기 백제의 지방관아에서 문서행정에 관한 것으로 보이지만 그것들은 '일본의 7세기 후반의 목간에 써진 문자에 가깝다'란 지적도 있다. 앞으로 상세한 분석을 거듭하여 고대 일본과의 관련성 연구가 기대된다.

4. 동아시아 속의 한국 목간

백제 고지에서 출토된 일본 목간

지금까지 살펴본 바 한반도 출토 목간은 출토수가 대략 600점 정도에 그치는 단계이지만 형태, 서식에 있어서는 거의 고대 일본 목간과 대응한다. 이러한 신라, 백제목간은 현재 그 기능과 내용에 대해서는 해명되지 않은 부분도 많은데, 그것들의 검토는 앞으로의 과제이다. 그와 동시에 이미 밝혀진 고대 일본 목간과의 유사성과 그것을 가져온 구체적인 영향 관계의 검토 또한 함께 신중히 이루어져야 한다.

현재까지 신라, 백제 목간의 특징으로 주목되는 건 일본 열도에서 출토된 목간과 비교해 사면체(觚)가 많이 사용되고 있는 점이다. 『論語』목간으로 상징되는 것처럼 일본과 달리 습서 때문이 아니라 장대한 다각형의 목간에 텍스트를 생략하지 않고 적은 학습 도구로 이용하고 있다는 점은 일본열도의 습서목간과의 차이이다.

그러나 한마디로 한반도 출토 목간이라고 해도 백제목간과 신라목간과의 차이는 결코 경시할 수 없다. 신라목간은 일본 열도의 지방에서 출토하는 목간에 가깝고, 백제목간은 헤이죠쿄(平城京) 등에서 출토된 목간과 가깝다. 가령 복암리 출토 목간의 경우 7세기 후반 고대 일본 목간과 유사한 것에 대해서는 그 유사성을 가져온 역사적인 배경을 검토해 볼 필요가 있다.

이때 주목되는 게 7세기 중반 일본에서 작성되었다고 추정되는 목간이 부여 쌍북리에서 발견된 것이다. 상단부에 절입부가 있는 목간에는 '나니와노무라지노키미(那尓波連公)' 라 적혀 있고, 그 내용은 일본에서 들어온 물품의 하찰이라 추정된다.

또 부여에서 출토된 목간과 목기류의 재질분석을 한 결과, 한국에는 존재하지 않는 삼나무가 다수 검출되었고, 그 중에는 그것이 백제목간으로 이용되고 있는 것도 있었다. 아마도 일본열도에서 백제로 들어온 목간 내지 목재가 백제에서 재활용된 것으로 보인다.

사람과 물건의 이동과 함께 목간도 또한 그곳에 동반되어 한반도와 일본 열도 사이에 백제와 왜의 왕권 사이를 이동하고 있었을 가능성이 있다. 이러한 교류가 목간문화의 전파와 수용에 깊이 관여하고 있었음에 틀림없다.

동아시아의 시점에서

지금까지 일본의 고대 목간이 중국 목간과의 유사성을 찾기 어려웠던 이유 중 하나는 그 사용된 시기의 차이에 있었다고 한다. 중국에서는 서사재료가 종이로 이행하는 시기에 일본열도에서는 목간이 이용되고 있었던 것이다. 고대 일본의 목간 특징은 역시 지목병용(紙木倂用)이었던 것이다. 게다가 일본 고대사에서는 목간은 '율령제의 산물'이란 지적이 있다. 7세기 말부터 부찰 뿐 아니라 문서목간 등도 대량으로 출토되는 것에서 그 같이 표현되는 것이다.

그러나 같은 시기 통일신라에서는 현재까지 목간의 출토는 그다지 없다. 출토 사례가 없는 것만을 가지고 속단할 수는 없지만, 신라는 8세기에 이르러 적극적으로 종이를 사용하게 된 까닭에 그런 출토 상황에 이르렀다고 추측할 수 있다. 당대에 목간 출토예가 거의 알려지지 않음을 상기해 볼 필요가 있다. 그러한 와중에 하찰로서 사례는 6세기 이래 조선왕조시대에 이르기까지 길게 이어져 있음을 볼 수 있다. 이 같은 사실은 한반도에서 소위 지목병용시대에 용도마다 종이와 목간을 어떻게 구분하여 사용했는가라는 문제를 해결할 단서가 될 수 있지 않을까.

이러한 문제를 포함하여 목간문화가 중국 대륙으로부터 한반도와 일본열도로 전파되고 수용되는 과정에 어떤 변화가 일어났는가, 드디어 구체적인 자료에 입각하여 논의하는 것이 가능하게 되었다고 할 수 있다.

진한제국에서는

스미야 쓰네코(角谷 常子)

목간과 간독과 간백

현재 중국에서는 미발표된 것과 구입품도 포함해서 27만점 이상의 간독이 출토되었다. 시대를 말하면 기원전 5세기 전반(전국시대(戰國時代))부터 4세기 중엽 무렵(전량시대(前涼時代))까지 약 800년에 달한다. 출토지는 건조하거나 습윤한 어느 조건이 있는 곳, 즉 거연, 돈황과 같은 서북건조지대와 호북성, 호남성이 중심이지만, 물론 다른 지역에서도 지하수에 잠긴 무덤 등 조건이 적합하다면 출토되고 있다. 그 중 여기서는 진한시대(기원전 221~기원후220년, 약450년간)의 간독에 대해서 소개한다. 우선 간독이란 말에 대해 조금 설명해 보고자 한다.

중국에서는 목간이 아니라 간독이란 명칭이 일반적이다. 그건 대나무의 존재에 의한다. 후한시대 채륜이 황제에게 개량지를 헌상(105년)한 이래 서사용의 종이가 보급이 시작되고 적어도 3세기에는 지목병용기(紙木倂用期)에 들어섰다고 생각된다. 그 이전에는 나무와 대나무가 가장 일반적인 서사재료였다. 그래서 죽찰이 출토되지 않은 일본에서는 목간이라 해도 전혀 문제가 없지만, 중국에서는 죽찰을 포함해서 부른 호칭이 어울리게 된다. 簡은 죽찰, 牘은 목판이다. 이를테면 '간독'은 나무와 대나무로 만든 찰 전체를 가리키는 총칭이다.

그러나 최근 간백(簡帛)이란 말도 사용하게 되었다. 간은 물론 간독, 백은 견직물이다. 사실 중국에서는 나무와 대나무 이외에 백도 서사 재료로 이용되고 있었다. 백에 기록한 문서를 백서라 한다. 백서는 남기 어려워 현존 출토량도 적지만 중요한 서사재료였으므로 간백이라 부르는 게 좋다. 그러한 이유로 간백학이라고 하거나 『簡帛』이라든가 『簡帛研究』라는 잡지도 간행되고 있다.

고문서로서의 간백

목간, 간독, 간백……. 이러한 호칭을 둘러싼 논의는 아무래도 좋은 듯 보이나 의외로 뜻 깊은 게 있다.

원래 간백은 서사를 위해 만들어진 것이다. 그래서 무엇을 써도 좋다. 즉 간독이란 물체와 기재 내용 사이에는 어떠한 관계도 없다. 이것이 바로 갑골(거북이의 등딱지와 짐승의 뼈)과 청동기와는 결정적으로 다른 점이다. 원래 갑골은 점복 도구이며, 청동기는 조상에게 공헌하는 물건을 담는 제사도구이다. 그래서 거기에 새긴 건 점과 조상을 위한 문장이어서 결코 연애편지나 채무증서 같은 게 아니다. 이것에 대해 나무, 대나무, 백, 종이라는 물건은 그렇게 특수한 성격은 아니다. 따라서 모두 고문서로 다룰 수 있다. 그렇다면 고문서학으로 충분하여서 굳이 간독학이라는 특별한 학문을 만들 필요는 없다는 게 된다. 사실 간백이라 부르자고 하는 건 이 입장에 가깝다. 나무, 대나무, 백에는 종이와는 다른 물건으로 특수성이 있으므로 역시 종이와는 구별되며, 나무, 대나무와 백과의 사이에 구별을 없애서 이 3자를 같은 고문서로서 취급하고자 하는 생각이다.

다만 이러한 호칭은 비교적 새로운 것이다. 지금까지 간독과 백은 그다지 서로 의식하지 않고 별개로 연구되어 왔다. 그건 기재 내용에 의한다. 백서는 대부분 서적 또는 편지, 아니면 그림이며 장부와 행정문서류는 알려져 있지 않다. 따라서 역사학의 연구대상이 되기 어렵고, 특히 일본에서는 서적의 내용에 따라 사상사, 과학기술사, 도상학 등의 연구자가 연구해 온 것이다. 그러나 간백연구에서 다양한 형태, 형상과 그 내용, 기능과의 관련에 주의를 기울이게 되자 백에 대한 인식도 변화하였다. 즉 그전까지는 내용에 주목하던 경향이 있었던 게 왜 백이라는 소재가 선택되었던 것인가라는 문제의식이 떠오르게 되었다. 이것이 '간백'탄생의 배경이 되었다고 생각한다. 그렇다고 하더라도 '어째서 비단에 글을 썼는가'라는 물음이 생기기까지 왜 이렇게 시간이 걸렸던 것일까. 그건 서사재료에서 가려 쓰기라는 문제의식이 희박했기 때문인 듯하다. 왜냐하면 중국 간독연구가 대상으로 한 건 간독 밖에 없는, 소위 간독기의 간독뿐이었으므로. 즉 일본처럼 종이라는 카운트파트가 없었기 때문이라 생각된다.

진한시대의 간독-다양한 형태

진한시대의 간독은 직접적인 비교가 어려운 만큼 일본과 한국의 목간과는 결을 달리한다. 이 또한 간독기의 간독인 까닭이다. 왜냐하면 온갖 문장을 나무나 대나무에 쓰지 않으면 안 되었기 때문에 모양과 사용법 등 다양한 궁리를 해야 했다. 그 결과 다양하고 풍부한 형태와 사용법이 생겨나게 되었다. 다음에 그 몇 가지를 소개해 보고자 한다.

우선 표준 사이즈부터. 매일 중앙, 지방에서 대량의 장부와 문서를 작성하게 되면 당연히 일정한 사이즈가 필요하다. 한 대의 표준간은 길이 1척(약 23㎝), 너비 반촌(약 1.15㎝)의 찰(札)이라는 1행을 쓸 수 있는 간과 길이는 같으나 너비가 1촌 정도 양행(兩行), 곧 2행을 쓸 수 있는 간이 있다. 찰과 양행은 복수를 대나무발 모양으로 엮어(편철(編綴)이라고 한다) 사용하는 게 보통이다. 이처럼 편철한 문서를 책서(冊書)라 한다. 덧붙여 일본 목간에는 이러한 방법은 없다. 이들 표준간 외에 폭을 넓힌 판상의 독(牘)이라 불리는 간과 격(檄)이라는 다면체

그림1. 봉니갑이 있는 봉검. 상부의 홈에 봉니를 채워 도장을 찍고, 끈으로 문서와 하물에 묶어 사용했다.

의 간이 있다. 지나치게 폭이 넓은 것과 입체의 건 편철할 수 없기 때문에 독과 격은 단독으로 사용된다. 게다가 하찰과 부찰인 검(檢)과 갈(楬), 봉니를 넣는 봉니갑(封泥匣)이 붙은 봉검(封檢) 등이 있다(그림 1).

그런데 이렇게 다양한 형상에는 의미가 있다. 이를테면 길이. 한의 황제가 흉노왕에게 1척 1촌의 독을 보냈는데, 중항열(中行說)이란 인물이 그 보다 약간 긴 1척 2촌의 독으로 답서를 보내어 敎하였다는 이야기가『漢書』에 실려 있다. 또 정현(鄭玄)의『論語』序에 따르면 경서는 2척 4촌(약 55㎝),『孝經』은 겸양하여 그 절반,『論語』는 다시 1/3인 8촌의 간을 사용하였다고 한다. 실제 武威磨嘴子 漢墓 출토『儀禮』는 50~56㎝ 정도로 1간 당 약 60자. 한편 하북성 정주 출토『論語』는 길이가 16㎝(약 7촌), 글자 수는 20자로 길이도 글자 수도『의례』의 거의 1/3이 되어 정현의 설을 뒷받침한다. 이처럼 길이는 권위와 중요성을 나타내고 있는 것이다. 길이뿐만 아니라 너비도 의미가 있다. 상급관청에서 보낸 정식 문서에는 양행으로 써지며, 초고와 보류에는 찰을 이용한 게 많다. 결국 폭이 넓은 게 공식적인 것이었을 것이다. 일반적으로 고대에서 권위와 신분질서는 시각에 호소하는 경우가 많다. 큰 건 위대하다. 이 원칙은 간독의 세계에도 통용된다.

다음으로 특징적인 형상의 것으로 격을 보도록 하자. 일반적으로 문서를 보낼 경우 먼저 책서를 둘둘 말아서 그 위에 앞에서 서술한 봉검이라는 찰을 1매 놓고 책서와 한꺼번에 묶고, 봉니에 인을 누르고(도 2), 우편대에 넣어 발송하다. 이처럼 책서를 보낼 때에는 문서

본체와 봉검이 필요한 만큼 그것이 일체로 되었던 게 격이다.

격은 가는 둥근나무의 상부를 깎아 수신인을 쓰고 그 아래 부분을 빼서 봉니갑을 만들고, 다시 그 아래 부분을 목귀질을 하여 서사면을 깎아내서 문장을 쓰는 타입이 전형이다. 이렇게 하면 간이 빠져 떨어지거나 편철한 끈이 끊어지거나 봉검과 본체를 잘

그림 2. 옷고리 짝에 붙여진 봉니갑. 봉니를 채워 인장으로 누른 상태를 보여준다.

못 붙이는 일도 없다. 게다가 적당한 크기의 가지가 있다면 어디서든 만들 수 있고, 서사면도 깎아내어 만들 정도로 간단하다. 매우 안전, 확실, 간편한 형태이다. 수신자가 일체로 되어있기 때문에 포로 감싸지 않고 노출된 채 운반했을 것이니 당연히 내용이 읽혀 버린다. 결국 이 타입의 간은 알려져도 좋은 혹은 알려질 만한 내용을 안전하고 확실하게 전달하는 경우에 사용된 것이라 생각된다.

보증과 체크

일반적으로 간독은 개찬이 용이하기 때문에 신용도란 점에서 종이

<그림3> 각치가 새
겨진 간. 좌우의 홈
을 맞추면 합쳐진다.

보다 떨어진다고 여겨진다. 그 약점은 당시부터 인식되고 있던 것 같고, 다양한 궁리가 보인다. 첫째 글자 수를 기입하는 일. 앞서 거론한 『儀禮』도 마지막에 '凡千二十字'라 적혀 있었다. 참고로 현재 중국에서 출판된 책의 상표에 ○○○千字라 총 글자 수가 적혀 있는 게 있는데 여기에는 천년 이상의 전통이 있는 것이다. 또 하나는 각치(刻齒)이다. 목간의 측면에 새겨져 있는 홈을 각치라 한다. 이건 동일한 형태의 절입부를 넣은 목간을 양자로 구분하고 그것을 아울러 증명하고자 하는 궁리이다.

이런 간을 符라 부른다. 그런데 이 각치를 잘 보면 여러 형태가 있다. 최근 이런 형태가 숫자를 나타내고 있었다는 게 발견되었다. <그림3>의 2매의 간을 설명해 보려한다.

이건 절관덕(節寬悳)이 장중손(張仲孫)에게서 布袍(麻로된 겉옷)를 구입한 계약서이다. 우선 목간의 표리에는 연월일, 판매자와 구매자, 물품명과 수량 그리고 가격 등의 계약내용을 쓴다. 다음에 측면에 각치를 새기고, 마지막으로 물고기를 가르듯 앞, 뒤를 분할하는 것이다. 이 2매는 분할된 간이 모두 모인 귀중한 예이다. 거기에 다른 형상의 각치가 복수로 보이며 이 하나하나가 천이나 백이란 숫자를 나타낸다. 이렇게 하면 개찬은 거의 불가능하지 않을까.

마지막으로 체크를 위한 궁리를 거론해 보려한다.

四月壬戌府告甲渠鄣候遣乘隊第五隊騎士郭陽第十八隊候騎士夏侯倉
甲渠鄣候　即日癸酉　　之官日時在檢中到課言
　　　　舖時遣

이건 도위부(都尉府)에서 하급관서인 갑거후관
(甲渠候官)에 내린 명령서로 기사(騎士)를 파견
하니 도착하면 보고하도록 요구하고 있다, '官
=(候官)에 가는 일시는 檢中에 있다.'라고 그들
이 출발하는 날짜(여기에는 '癸酉舖時')가 봉니갑
중에 적혀있다. 후관(候官)에서는 봉니를 제거
해서 안에 있는 일시를 보고 실제 도착시간과
의 차이를 체크하였을 듯 하다.

일본 목간과의 공통성과 향후의 과제

나무와 대나무 밖에 없던 시대, 고대인은 거
기에 권위와 존비를 표현하고 사람과 물건을
엄밀히 관리하고, 또 기재내용을 보장하는 장
치를 고려하고, 또 안전하고 신속하게 정보
를 전달하는 형태를 낳았다. 이러한 진한시대

<그림3> 각치가 새겨진
간. 좌우의 홈을 맞추면
합쳐진다.

의 간독은 확실히 지목병용기인 일본과 한국의 목간과는 꽤 다르다
는 인상을 받는다. 일본과 한국만이 아니다. 중국에서 지목병용기의

목간과도 큰 차이가 있다. 그러나 그렇다고 간독기의 간독과 지목병용기의 간독과의 사이에 아무런 맥락이 없을 리 없다.

예를 들어보자. 사가현(滋賀縣) 오쓰시(大津市)에 있는 온죠지(園城寺[三井寺])에는 헤이안(平安)시대 승려 엔친(円珍)이 입당하였을 때 상서성(尙書省)에서 발급된 과소(過所)라 불리는 통행증이 소장되어 있다. 과소의 실물로서는 매우 귀중한 것이어서 국보로 지정되어 있다. 그 과소, 통행증을 왜 과소라고 불렀던 것일까. 그 힌

<그림4> 수신자에 '過所'라 있는 간독의 예(왼편은 봉니갑의 아래가 떨어져 있다. 오른편은 완형)

트가 한대의 간독에 있었다. 사실 과소란 수신자였었다. 여행자는 관문이나 나루터에 보내는 통행증을 휴대하지만, 몇 군데나 관문을 통과할 경우 증명서의 수신자부분에 모든 관문의 이름을 쓰는 게 귀찮아서 '지나갈 곳((關係機關各位)라는 정도의 뜻)'이라 쓴 것이다(그림 4).

본래는 수신자였었지만 곧 통행 증명서 그 자체를 가리키게 되었다고 할 수 있다. 이러한 사례는 이것 말고도 더 있음이 틀림없다. 이를테면 공식령에 규정된 문서명인 이(移), 부(符), 해(解), 첩(牒) 등도 진한시대에 힌트가 있을지 모른다. 왜냐하면 이들 명칭 자체는 모두 진한시대의 간독에 보이기 때문이다. 다만 그건 문서명은 아니다. 이(移)는 문서를 보낸다고 하는 의미의 동사이며, 부(符)는 문자 그대로 割符, 해(解)는 변명의 뜻, 첩(牒)은 부속문서로 나타나고 있다. 그러나 가령 해(解), 곧 변명은 아래에서 위로 향하는 것이므로 상신문서인 해(解)와 적어도 그 방향성은 같다. 확실히 진한의 해(解)와 일본의 공식령의 해(解)는 직접 연결되지 않는다. 하지만 공식령의 문서명이 지금까지 문서세계와 전혀 무관하게 생겨났으리라 생각하기도 어렵다. 진한의 간독이 지목병용기의 문서에 어떤 식으로든 흘러 들어갔다는 건 틀림없다고 생각된다. 이러한 간독기의 간독이 지목병용기의 간독으로 이행해 가는 과정의 해명은 향후 남겨진 과제의 하나이다. 그리고 과제라고 하면 또 하나. 일본, 한국 목간과의 차이의 원인이다. 지금까지 종이의 유무가 원인으로 알려져 왔고, 그건 맞는 말이다. 다만 그것만으로 좋은가하는 것이다. 문서의 내용, 작성 절차, 체크 체제, 전달시스템, 보관, 폐기 등, 이러한 문서에 관한 구체적 양상은 기본적으로는 행정기구, 문서행정의 성숙도, 더 근본적으로는 국가가 어떠한 지배를 목표로 하는가에 따라 결정되는 것이기 때문이다. 간독이 흡사 혈액같이 흐르고 있는 그 틀이 어떠한 것인가, 그것에도 눈을 돌릴 만 하다.

지금도 살아있는 주부목간

야마자토 순이치(山里 純一)

오키나와(沖繩)에서는 일반적으로 부적을 후후다(符札)라 한다. 다만 오키나와(沖繩)가 류큐국(琉球國)을 형성하고 있던 당시의 사료, 이를테면 『女官御双紙』(1706년), 『中山世譜』(1725년), 『球陽』(1743년), 『新參利姓家譜』(1764년), '聞得大君加那志樣御臣下日記'(1840년) 등에는 於守札, 御札, 符 등의 용어 밖에 보이지 않고, '符札'이란 용어는 다이쇼(大正)연간에 필사된 산진소(三世相)라 불리는 점책과 『沖繩縣國頭郡志』(1919년) 등에 처음 등장한다. 오키나와(沖繩)에서는 문누키문(사악한 것을 없애는 呪物)의 하나로 생각되는 후후다에는 종이로 만든 것도 있지만, 목제 후후다가 현재도 일상적으로 사용되고 있다. 이건 일본 본토의 유적에서 출토하고 있는 주부목간(※옮긴이: 목간의 형상과 기재 내용을 토대로 어떤 신앙에 기초해서 사용되었다고 추측되는 목간을 가리킨다)과 기능적으로는 동일한 것이며, '唸急如律令'등 적혀 있는 呪句가 공통하는 예도 있다.

집·저택의 후후다

오키나와(沖繩)의 각지에 문의 좌우와 저택의 네 모서리(또는 집 울타리를 둘러싼 사방)에 목제 후후다를 설치한 집이 보인다. 현재는 절과 신사가 발행하는 후후다가 대부분이지만 일본 본토의 절과 신사가 발행하는 목찰처럼 1매가 아니라 문에 사용될 2매와 저택용의 4매, 합계 6매가 세트로 사용되는 게 특징이다. 형상은 상단을 '山'자형 또는 사다리꼴 모양을 하고 하단을 뾰족하게 한 게 많고 단책형도 있다. 현재 후후다는 대부분 기계로 가공된 판의 상면에 呪句가 인쇄되어 있다. 주구는 각 절과 신사에 따라 다르다. 신사의 후후다에는 후텐마구(普天滿宮; 기노완시(宜野灣市))의 게 널리 유포되어 있고, 그 문에 쓰이는 1종류의 중앙에 '奉祝辭'란 용어와 '도호카미에미타메(吐普加身依美多女)'를 썼고, 우측에 도향제(액신과 역신이 경내에 들어오는 것을 막는 고대 궁정 제사의 하나)의 祭神 '야치마타히메노카미(八衢比女神)' '구나도노카미(久那戶(斗)神)'를, 좌측에 門戶의 신, 도난 막이 신인 '도요이와마도노카미(豊磐牕神)'과 '구시이와마도노카미(櫛磐牕神)'라 쓴 것. 네 모서리용도 1종류로 중앙에 '奉祝辭'란 용어와 주역의 팔괘 '감간진손리곤태건(坎艮震巽離坤兌乾)'의 자음을 딴 '한언신존리근타견(寒言神尊利根陀見)', 그 우측에 '불비급포(祓比給布)', 좌측에 '청미옥포(淸米玉布)'라 쓴 것을 사용하고 있다. 요시다신도(吉田神道)에서 중시된 三種祓(죄, 더러움을 제거하는 3종의 呪詞)을 바탕으로 한 후후다가 만들어진 게 제2차 세계대전 후로 고안자는 당시의 궁사였다. 최근에는 직명궁(職名宮)과 충궁(沖宮; 모두 那覇市)에서도 후후다를 만들고 있고, 주구(呪句)는 후텐마구(普天滿宮)를 모방한 것이다.

사원이 만드는 문에 사용되는 후후다는 2종류의 주구가 세트로 되어 있다. 임제종의 경우 ① '魁䰢䰢䰢䰢䰢䰢尊帝' '門釘桃符唵急如律令', ② '応無所住而生其心' '七難卽滅七福卽生', ③ '奉修念甚深般若心經如意吉祥攸' '奉信誦消災吉祥神咒家門安全攸' 등 세 가지가 있고 어떤 걸 사용할지는 사찰의 판단에 달려있다. 그 중에는 주구를 간략화하거나 다른 종류의 주구의 일부를 서로 조합시킨 것도 있다.

1960년에 이토만시(糸滿市)에서 수집된 후후다가 오키나와현립 박물관·미술관에 소장되어 있다. 현재까지 이것이 가장 오래된 실물 사례이며, 상단을 '山'자형 또는 사다리꼴 모양으로 깎고 하단을 뾰족하게 한 자체 제작한 판에 '魁䰢䰢䰢䰢䰢䰢尊帝' '門釘桃符唵急如律令'의 주구가 묵서되어 있다. 이 주구는 현재 임제종의 지겐인(慈眼院. 슈리간논도(首里觀音堂) 나하시(那覇市))만이 답습하고 있다(그림 1).

'魁䰢䰢䰢䰢䰢䰢'는 도교의 북두칠원성군을 가리키고, 존제는 이 신의 존칭이다. 이 구절은 도교경전에 보인다. 한편으로는 중국에서 정월에 門扉와 門柱에 붙이는 桃符를 문에 못으로 쳐 붙였다는 의미의 주구이다. 모두 언뜻 봐서 중국의 영향이 느껴지지만 '唵急如律令'의 唵자는 중국에 용례는 없고, 일본 특유의 것이므로 이런 종류의 후후다 주구에는 중국뿐만 아니라 일본의 주구 지식도 들어가 있다. 네 모서리용에는 '東方持國天王' '南方增長天王' '西方廣目天王' '北方多聞天王'이라 사방과 사천왕이 써져 있다. 또한 문용, 저택의 네 모서리용 모든 후후다에도 시작 부분에 '亻点'(以字点. 그림1의 후후다의 첫 번째 시작 부분에 보이는 기호임)이 적혀 있다.

<그림 1> 지겐인의 후후다(나하시(那覇市))

　야에야마(八重山) 지방에서는 문에 사용될 ①과 ②의 주구가 다이쇼(大正)기(옮긴이; 1912~1926년)에 병용되었던 것 같고(미야나가 마사모리(宮良當壯) 「八重山諸島物語」『東京人類學雜誌』36권 4·5·6·7호, 대정(大正) 9~11년, 이와사키 타쿠지(岩崎卓爾)『ひるぎの一葉』대정 9년), 石垣家文書에 의하면 明治7(1874)년에 조상의 25년 주기와 33년 주기를 할 즈음, 동문(정문)과 저택의 네모서리 및 셋진(雪隱[변소])에 세우기 위한 목찰 8매를 도린지(桃林寺. 이시가키시[石垣市])에 의뢰하였고, 이러한 후후다가 1870년대까지 소급될 가능성이 있다.

　진언종의 후후다의 특징은 주구에 범자(梵字)가 포함된 점이다. 문에 사용될 주구는 중앙에 범자가 옴, 아, 비, 라, 운, 켄, 休止符, 그 우측에 '七難卽滅', 좌측에 '七福卽生'이 적혀 있는 게 많다(그림 2).

　네 모서리용은 사찰에 따라 주구는 다르지만, 그것에도 반드시 범자가 들어가 있다. 정토종에는 '諸罪消滅 無諸障疑' '家門淸寧 福壽

<그림 2> 진언종의 후후다(구메지마정(久米島町))

無量', 천태종 수험본종에는 '妖怪消滅急々如律令' '七福卽生急々如律令', 정토진종의 팔중산 본원사에서는 '利劍是彌陀名号一唱正念魔皆除去守' '光明遍照十方世界念仏衆生攝取不捨守'의 주구를 문용의 후후다에 사용하고 있다. 네 모서리용의 사천왕을 쓴 건 동일하다. 또한 진언종과 정토종의 후후다에는 시작 부분에 'イ点'이 없다.

이러한 집, 저택의 후후다는 신규의 경우 지진제(地鎭祭)로 불제(祓除)한 神主(※옮긴이: 일본어로는 '간누시'라고 읽는다. 신사에서 일하는 사람(신관)을 가리킨다)와 승려에게 건네지고, 집이 완성되었을 때 집주인이 설치한다. 후후다는 연 1회, 구력 8월 길일에 이루어지는 야시치누우간(屋敷御願) 때와 섣달그믐이나 정월에 대체한다. 그러나 유타(※옮긴이: 奄美 諸島·沖縄 본섬 및 그 인근 섬들의 민간인 巫女. 점·기원·병 치료 등을 함) 등 영적 직능자가 '저택이 황폐해졌다'고 말하고 불제를 의뢰할 때 등도 소정 날짜에 관계없이 수시로 설치한다. 그 경우 유

<그림 3> 구메지마(久米島)의 후후다(구메지마정(久米島町))

타의 지시에 의해 특정 절과 신사의 후후다를 사용하는 게 많다. 설치하는 방법은 이전에는 지면에 찔러 넣었지만, 최근엔 시멘트와 블록 담에 못으로 쳐 붙이거나 양면테이프나 접착제로 고정하기도 한다.

다만 후후다는 절과 신사만이 만들 수 있는 건 아니다. 근방에 절과 신사가 없는 오키나와 본섬 북부의 나고시(名護市)와 나키진촌(今歸仁村), 구메도(久米島), 미야코지마시(宮古島市)의 다라마도(多良間島) 등에는 절과 신사의 것과는 다른 주구가 전해지고 있다. 구메의 후후다의 문용 주구는 '貞壽' 아래에 '七難卽滅' '七福卽生'을 두 줄로 쓴 것(그림 3 좌측), '令千里內'(천리의 안으로 하여금)와 '七難不起'(칠난이 일어나지 않도록)을 두 줄로 쓴 아래에 '급급여율령(唸々如律令)'을 쓴(그림 3의 우측) 독특한 것이다.

네모서리용 주구는 '東方持國天王' '南方增長天王' '西方廣目天王'

'北方多聞天王'이다. 이 주구는 『曆書·呪符·靈籤』(가제. 久米島自然
文化센터 소장 吉浜家文書, 1918년 이후의 작성?)에 보이지만 출전은 불명
이다. 10년 즈음 전까지는 이 주구를 쓰는 몇 사람이 스스로 후후다
를 제작해서 세웠지만 현재는 거의 보기 어렵게 되었다.

묘의 후후다

오키나와 본도에서 남서로 약 400km 떨어진 야에야마(八重山)제도
에서는 무덤을 신축할 때 묘중용(墓中用)과 묘의 문, 사방용의 목찰을
사찰에서 구매해서 설치한다. 야에야마에서는 후후다라 하진 않고
祈禱札이라 부른다. 그러한 묘는 대개 묘실과 묘정(墓庭) 주위에 담장
을 낮게 쌓아 무덤 입구 정면에 문을 마련한 근대 이후의 새로운 형
식의 '가형묘(家型墓)'이다. 도린지(桃林寺)(임제종)가 발행하고 있는 묘
중용의 주구는 '奉諷誦大悲圓滿無碍神咒墓中鎮靜祈 仾'이다. 문용의
주구는 '靈光分明輝大千' '魂神何處着手脚'으로 이건 '無位眞人現面
門, 知慧愚痴通般若. 靈光分明輝大千, 鬼神何處着手脚'(무위의 진인 면
문에 나타나, 지혜의 어리석음 반야에 통한다. 영광 분명하여 대천에 빛나고, 귀
신이 어디에 팔다리를 붙이나)라는 불교의 시게(詩偈)의 후반 구절이다.
사방용의 주구는 방각과 금강계 사불의 四智를 조합한 '東方大円鏡
智' '南方平等性智' '西方妙觀察智' '北方成所作智'이다(그림4).

야에야마 본원사의 묘중용의 주구는 중앙에 '歸命盡十方無碍光明
如來', 그 오른편에 '天下和順' 왼편에 '日月淸明'을 쓴 것으로 문과
사방용은 집, 저택의 후후다와 같은 것을 사용하고 있다.

<그림 4> 도린지의 묘의 기도찰(이시가키시(石垣市))

오키나와 본도와 야에야마 제도 사이에 있는 미야코지마(宮古島)의 쇼운지(祥雲寺; 임제종)에도 비슷한 목찰을 발행하고 있었지만 2000년 이후 폐지되었다. 미야코지마시(宮古島市)에서는 高島易斷을 배운 점쟁이도 쇼운지(祥雲寺)와 같은 주구를 사용한 자체 제작한 후후다를 만들어내고 '禁入百才 守叶'이라 쓴 목찰을 묘 입구에 세워둔 점에 독자성이 있다. '禁入百才'라는 건 묘를 새로 만들어도 백살이 되기까지 들어가서는 안된다는 의미로 가족의 장수를 기원하는 마음을 드러내고 있다.

이러한 묘의 후후다의 예는 미야코·야에야마 지방에 한정되어 있고 오키나와 본도와 주변 낙도에서는 전혀 볼 수 없다.

<그림 5> 반시뱀 막이 후후다(나고시(名護市))

반시뱀 막이 후후다

  오키나와에서는 구력 5월 5일에 저택 내에 반시뱀 막이 후후다를
세우는 습속이 있었다. 각지에 주구가 전해지고 있지만 일반적인 건
일본 본토에서도 보이는 '白仏言世尊'과 '儀方'이다. 류큐(琉球) 王府
의 三司官(대신)으로 근무한 이에 조보쿠(伊江 朝陸)의 일기 『伊江親方
日日記』의 嘉慶14(1809)년 5월 4일조에 의하면 '儀方之札'을 쓰는 것
을 부탁하기 위해 사람을 보내어 목찰을 슈리조(首里城)에 인접한 엔
가쿠지(円覺寺; 임제종)의 장로 앞으로 보내고 있는 것에서 이 습속이
'근세류큐(近世琉球)'기까지 소급됨을 알 수 있다. 이러한 반시뱀 막
이 후후다는 최근엔 거의 볼 수 없게 되었지만, 나고시(名護市) 가부소

카(我部祖河)에는 앞면에 '白仏言世尊 儀方[천지역])' 뒷면에는 『관음경』의 한 구절인 '蚖蚖及蝮蠍'로부터 따왔다고 생각되는 주구를 쓴 목찰을 현재도 세우고 있는 집이 있다(그림 5).

이상과 같이 개인에 의한 건 점차 자취를 감추고 있지만 절과 사찰의 목제 후후다는 오키나와 사람들의 수요도 있어서 지금도 명맥이 이어지고 있다.

제5장

목간의 출토에서
보존·공개까지

목간의 출토에서 보존·공개까지

와타나베 아키히로(渡辺 晃宏)

1. 쓰레기로서 목간과 그 출토환경

목간을 취급하는 입장에서

목간을 본 적이 있는 독자는 어느 정도 될까. 문화재로서 가치를 인정하여 2003년 이후 국가의 중요문화재로도 지정된 목간의 민낯은 의외로 알려지지 않은 건 아닐까. 하물며 목간이 어떤 상태로 출토하며, 그리고 어떤 과정을 거쳐 진열장에 들어가게 되는지 아는 사람은 적을 것이다.

목간은 남기려고 생각해서 전해진 자료는 아니다. 목간은 기본적으로 쓰레기이다. 그러나 쓰레기인 까닭에 작위 없는 자료로서 우리에게 유용성을 가져다준다. 그건 어떤 시대의 목간이나 변함없는 특성이며, 특히 역사를 복원하기 위해 문헌 사료가 적은 고대사에서는 무엇보다 귀중한 정보를 제공해 준다.

우연히 땅 속에서 썩지 않고 남겨진 목간이 발굴조사라는 또 다른 우연이 겹쳐져 발견되고 미지의 사실을 말하기 시작한다. 땅 속에 그대로 보존된다면 천년, 이천년 보존될지도 모르는 목간이 잠을 깨 버린 이상, 목간이 가지고 있는 정보를 남김없이 듣고, 그 목간을 확실히 우리 자손에게 전해주는 것, 그것이 전국의 발굴조사 담당기관, 각 목간의 조사담당자의 책무이다. 이 장에서는 이전 장까지와는 시점을 바꾸어 자료로서 목간의 정보를 제공하는 입장에서 목간의 특질에 대해 서술해 보려 한다.

일본에서 최초의 목간 발견

앞 장에서도 언급되었던 것만큼, 일본에서 최초로 목간이 출토된 건 1930년 전후로 거슬러 올라간다. 1928년 미에현(三重縣) 유이(柚井) 유적, 1930년 아키타현(秋田縣) 홋타노사쿠(払田柵) 유적에서 잇달아 출토되었다. 그러나 목간이 현재 알려진 대로 보편적으로 사용된 게 밝혀지는 계기가 되었다는 의미에서 1961년 헤이조큐(平城宮)터 제1호 목간의 발견은 실질적으로 일본에서 첫 번째 목간의 발견이었다고 해도 좋다(이 책 2장 참조). 최초의 중요문화재 지정의 영예를 담당한 건 이때 발견된 대선직(大膳職) 추정지의 목간이다. 765년의 에미노오시카쓰(惠美押勝)(후지와라노나카마로[藤原仲麻呂])의 난 전후 고켄(孝謙) 태상천황과 준닌(淳仁) 천황의 정치적인 긴장 관계를 배경에 둔 이 목간은 목간의 사료로서 중요성을 인식시켜 주기에 충분한 임팩트를 지닌 것이었다.

이어 2007년에 헤이조큐(平城宮) 목간으로서 두 번째로 중요문화재에 지정된 건 내리북외곽관아(內裏北外郭官衙)의 토갱 SK820의 목간 1,785점이다. 이건 1963년에 발견된 것으로 헤이조큐(平城宮)터에서 처음으로 천 점이 넘는 규모의 목간군이었다. 그 후 목간연구의 행보를 방향 짓는 자료로서 諸國의 다양한 세목의 다채로운 품목의 하찰을 포함하고 있었기 때문에 하찰의 백화점이라 칭하게 된 적도 있다. 그러나 그 뿐만이 아니다. 하찰뿐만 아니라 문서목간과 부찰목간, 습서, 낙서목간을 필두로 그 후 현재까지 알려지게 된 목간의 종류를 거의 망라하고 있다. SK820 목간군에 의해 일본 목간연구의 향후 방향이 세워진 것은 정말 다행스런 일이다.

시대·지역을 초월한 자료

2009년까지 약 반세기 사이에 일본에서 발견된 목간은 약 37만점. 발굴에 의해 발견된 묵서가 있는 목편을 모두 목간이란 범주에서 파악하고 있으니 시대도 고대뿐만 아니라 중세, 근세 게다가 근대의 목간도 있다. 매년 수십 개의 유적에서 목간이 출토되고 있지만 유적 수만으로 해도 고대와 근세가 거의 비슷하게 나오고 있고, 중세가 그 뒤를 잇는 경향이 있다. 목간에 전개되는 건 고대 뿐만은 아니라는 것이다.

지역적으로 봐도 목간이 출토되지 않은 都道府縣은 하나도 없다. 북쪽 홋카이도(北海道)에서 남으로 오키니와(沖繩)까지 그야말로 전국 도처의 유적에서 목간은 출토되고 있다.

목간학회가 발족한 건 1979년의 일. 그로부터 30년, 목간은 마침내 시민권을 얻기에 이르렀다고 해도 좋다. 목찰이라든가 목제품에 묵서가 있는 것 등으로 처리된 경우가 많았던 중세와 근세의 자료에 대해서도 목간으로 인식되기에 이른 건 학회의 일원으로서 또 조사담당기관의 일원으로 어깨에 짐이 내려앉은 것 같은 생각이 든다.

물에 의해 썩지 않고 남아

그런데 이렇게 자료로서 가치가 널리 인식되게 된 목간이지만 중요문화재지정에 이르기까지 40년 넘게 걸렸던 이유는 무엇일까. 사실 거기에 일본 목간의 자료로서의 특성이 숨겨져 있다. 즉 목간은 매우 취약하고 다루기 어려운 유물이다.

일본의 기후에서 목간이 썩지 않고 남기 위해 필요한 건 물이다. 수분이 있으면 유기질은 토양에 환원되어버린다고 생각할지 모르지만 반드시 그렇지만은 않다. 나무 조각이 썩지 않고 남아있기 위해서는 늘 건조한 환경이나 반대로 습윤한 환경에 있는 게 필요하다. 일본의 경우 항상 건조한 상황은 기대할 수 없기 때문에 충분한 지하수의 존재가 대전제가 된다.

그리고 또 하나 중요한 건 땅 속에 포장되어 햇볕과 공기로부터 차단된 환경이다. 지하수로부터 충분한 수분을 보급 받으면서 자외선과 산소의 영향이 적은 환원상태에 놓여 있다가 비로소 박테리아의 활동이 최소한으로 억제되어 목간은 썩지 않고 남는 게 가능하게 된다.

<그림 1> 목간출토상황

진흙을 털어내다

이 때문에 목간은 문자 그대로 진흙에 묻힌 상태로 발견된다(그림 1).

그러나 이 질퍽질퍽한 진흙이야말로 목간을 지켜온 것이므로 문자가 써져 있는 것을 알고도 발굴현장에서 그 진흙을 털어내고 문자를 읽는 건 쓸데없는 짓이다. 1200년 이상이나 땅 속에 있었던 것을 갑자기 뜨거운 햇빛을 쬐는 것에 의한 손상은 최대한 피해야 하기 때문이다. 만일 당장 눈에 보이는 영향은 없었다고 해도, 장기간 보존을 생각한다면 부정적인 영향을 미치지 않으리라는 보장은 없다. 적혀져 있는 내용을 조금이라도 빨리 알고 싶어하는 건 인지상정이겠으나 그것보다 최대한 신속하게 정리실에 전달하여 손상이 적은 환경

<그림 2> 목간 세척 풍경

에서 정성스럽게 씻을 필요가 있다. 그래서 중요한 목간의 출토를 나중에야 알게 되는 것도 자주 있는 이야기다.

목간에 묻은 진흙을 털어내는 건 신경이 쓰이는 작업이다(그림 2).

명확한 형태가 있는 것처럼 보이는 목간도 상태는 각각 모두 다르다. 수분에 의해 간신히 형태를 유지하고 있는 것도 많다. 비유하자면 고야도후(高野豆腐 ※옮긴이: 두부를 얼렸다가 말린 식품)나 곤약과 같다. 수분이 빠져버린다면 수축해서 변형되거나 원형을 잃어버릴 위험성을 항상 내포하고 있다. 그러한 것에 묻은 진흙을 털려면 흐르는 물을 사용해서 자연스럽게 떼어내거나 대칼이나 송곳 같은 것을 사용하여 표면을 긁지 않도록 주의하면서 털어내는 게 좋다. 붓의 사용도 효과적이지만 스칠 때 묵흔도 떨어져버리는 경우도 있으므로 주의가 필요하다. 당황하지 않고 확실히 진흙을 씻어 내야 한다. 불필요한 진흙이 남아 있으면 새로운 부식의 진행을 초래할 수도 있다.

삭설의 존재와 특성

실제 발굴 현장에서는 목간이라 인식해서 다루는 것 이외에 현장에서 선별 불가능한 조각과 삭설을 포함한 흙을 가지고 오는 경우도 많다. 쓰레기로 버려진 것을 그대로 들어 올리므로 모든 생활흔적이 유물로 포함되어 있을 수 있다. 목간은 그러한 쓰레기의 하나이다. 어떤 것과 함께 버려지고 있는가는 목간의 사용 장소와 폐기환경을 고찰할 때 중요한 자료가 된다. 유물로서 상대화가 필요한 것이다.

그 와중에 발견되는 조각과 삭설은 하나하나가 가진 정보량은 결코 많지는 않을 것이다. 그러나 삭설의 절대량이 많은 건 목간을 사용한 활발한 사무의 존재를 보여주는 것이므로 완전한 형태로 발견되는 목간보다도 오히려 삭설의 내용이야말로 그 목간을 사용한 장소의 환경과 특성을 잘 엿볼 수 있는 것이다.

그렇지만 삭설을 세척해 내는 건 꽤 시간이 걸리는 작업이다. 대패밥 이미지를 떠올리면 비교적 두꺼운 경우 평평한 삭설이 될 것 같고, 얇게 깎은 건 둘둘 말려버린 상태로 되는 건 잘 알려진 일이다. 그렇게 흙의 무게에 짓눌려 찌그러진 것을 한 매 한 매 떼어내 씻으면 원래 길었던 삭설이 비스듬하게 몇 개로 분단된 상태로 표면이 드러나게 된다. 그때까지 한 덩어리가 되었던 게 세척하면서 나눠지게 되므로 세척 그 자체가 일종의 파괴라는 측면도 가진다. 단순히 진흙을 털어내면 좋은 게 아니라 진흙세척 단계에서 이미 유물의 정리는 시작된 것이다.

2. 목간의 정리·해독

역사를 복원하는 소재

역사를 복원하기 위한 소재를 자료라 부른다. 문자로 쓴 자료는 고고자료, 미술자료, 민속자료 등과 아울러 다양한 자료군의 하나이다. 무슨 소재로 역사를 말하는가는 그야말로 역사가 나름이어서 자료는 무한히 펼쳐진다고 해도 과언은 아니다.

자료 중 문자로 써진 것, 즉 문자자료를 특히 '사료'라 칭한다. 그리고 그 전래형태에 따라 사료는 또 '문헌사료' '출토사료' '금석문' 등으로 나뉜다. '출토사료'는 일반적으로 '출토문자자료'라 쓰는 경우가 많다. 목간은 가장 대표적인 출토문자자료이다.

문자로서, 물건으로서

출토문자자료에는 다른 문자자료에는 없는 특징이 있다. 그건 문자자료임과 동시에 고고자료로서의 속성을 갖는 것이다. 출토정보가 진실성의 증거이자, 자료로서 생명이라고 해도 좋다. 같은 내용이 기록되어 있어도 출토지점, 층위에 따라 전혀 다른 의미를 갖는 것도 있다.

이를테면 헤이조큐(平城宮) 제1차 대극전(大極殿) 남면회랑 기단 아래의 정지토에서 출토된 이세국(伊勢國) 아노군(安農郡)의 '和銅三年'의 기년을 가진 하찰은 다른 장소에서 발견됐더라면 간과해버렸을지 모르는 극히 평범한 내용이다. 그러나 그것이 천도 당시에 당연히 이

<그림 3> 목간수납상황

미 완성되었을 것이라 생각했던 제1차 태극전(太極殿)을 둘러싼 회랑의 기단 아래에서 출토된 것에 의해 헤이조(平城) 천도 당시까지 아직 대극전(大極殿)은 완성되지 않았을 가능성이 높다는 전혀 생각지도 못했던 새로운 사실을 말하고 있다(본서 2장 참조). 목간이 고고유물이라는 당연한 사실을 새삼 인식시켜준 중요한 발견이었다.

이처럼 어디에서 어떤 상태로 출토되었는가는 목간으로서는 중요한 정보가 된다. 문자정보는 유물로서 목간이 가진 정보의 일부이므로 나무로서 목간의 형상과 가공법, 그리고 출토지점, 상황의 정보들을 종합적으로 읽어내는 게 제대로 목간을 읽어내는 것이다.

그래서 목간을 판독하는 작업은 어떻게든 조사기관에 의존하지 않을 수 없다. 게다가 목간의 경우 유물로서 취약한 요소가 더해지기 때문에 유물 보존의 관점에서도 관찰의 기회를 제공하는 자체에 한계가 있다. 따라서 조사주체는 목간이 가진 문자를 포함한 정보를 최대한 끌어내어 널리 일반에 제공할 책무를 지고 있는 셈이다. 목간의 문자를 읽어내는 것만이 우리의 일은 아니다.

목간의 보관방법

그러면 목간의 정리, 해독이 어떻게 진행되는지를 소개하고자 한다. 목간의 정보를 해독하기 전에 먼저 해두지 않으면 안 될 일이 있다. 목간의 안정된 보관환경을 만들어 내는 작업이다.

진흙을 털어내고 세정을 완료한 목간은 물에 담근 상태로 보관한다(그림 3).

물이 목간 생명의 기본 요인인 건 세정 후에도 변함이 없다. 예전에는 포르말린 수용액을 사용했지만, 현재는 붕산, 붕사 수용액을 사용하는 경우가 많다(지금도 포르말린을 사용하는 기관도 있다). 방부제로서 붕산 외에 붕사를 첨가하는 건 붕산 정도로 산성화 되는 걸 중화하는 것이다. 대체로 0.4% 정도의 매우 옅은 수용액이지만 포르말린과 같은 정도의 방부효과를 얻을 수 있다고 한다. 용기는 뚜껑이 있는 편평한 플라스틱제를 사용하지만 안에는 목간이 떠다니지 않게 탈지면을 거즈로 감싸서 봉합한 '자부톤'(※옮긴이: 깔개)이라 불리는 물건을 끼워서 보관하고 있다. 부직포를 사용한 것도 있지만 끈적해지거나 목간과 스칠 우려가 있으므로 최근에는 사용하지 않는다. 목간이 충분히 잠길 정도의 수량을 확보하고 있다. 삭설은 더욱 안정성을 확보하기 위해 관리가 편리하도록 10점씩 글라스판(또는 아크릴판)에 올려 얇은 '자부톤'에 싸서 보관하고 있다. 이것을 일정 매수 겹쳐 올리고(한 상자에 3열 각 4매 겹친 정도가 일반적. 이 정도라면 1상자에 120점을 보관할 수 있다), 또 전체를 '자부톤'으로 덮어 그것이 잠길 정도의 붕산, 붕소 수용액을 넣는다. 삭설의 경우 수량이 너무 많으면 용기 안에서 떠 움직일 수 있기 때문에 수량은 최소한으로 하는 경우가 많다.

물의 관리가 목간을 지킨다

물을 항상 충분하고 깨끗한 상태로 유지하는 게 목간의 생명을 지킨다. 출토되어 몇 년은 수액이 스며 나와서 액이 갈색으로 짙게 변하는 게 많다. 방치하면 질퍽질퍽하게 되어 목간의 표면 부식이 진행되는 경우가 있으므로 액이 무색 투명하지 않으면 액을 교체한다. 경우에 따라 '자부톤'도 더러워지므로 교환한다. 몇 년 이것을 반복하면 액이 그다지 더러워지지 않고, 목간의 상태도 안정된다.

건조는 목간의 최대의 적이다. 건조되어 섬유가 수축되어버린 목간은 두 번 다시 원래대로 되돌아가지 않는다. 물의 관리는 매우 수고스럽지만 목간으로 발굴된 이상 결코 게을리 해서는 안 된다. 그리고 제대로 된 물 관리를 한다면 목간의 문자가 사라져버리는 일은 거의 없다. 다만 나무 표면은 어떻게 해도 점차 검게 변하는 게 많고, 문자의 콘트라스트가 약해져버려 읽기 어렵게 되는 게 있다. 그런 경우

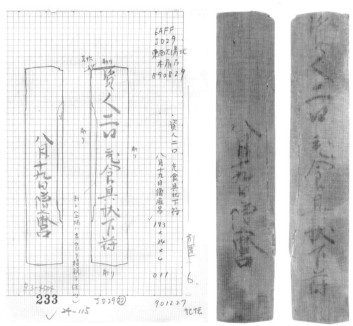

<그림 4> 목간(오른쪽)과 그 기장 노트(왼편)

도 후술할 과학적 보존처리를 실시하면 원래의 색으로 되돌려 읽을
수 있게 된다.

정보를 읽어 내다

목간의 보존환경을 정비하고 나면 원칙적으로 목간 전점에 대해
가능한 이른 단계에서 목간이 가진 정보를 최대한 끌어내는 작업을
한다. 통상 1점씩 육안으로 차분히 관찰하면서 스케치를 한다. 이것
을 '기장(記帳)'이라 칭하고 있다(그림 4).

목간의 형태, 가공법, 잔존상황을 기록한 다음 필순을 따라가면서 묵흔을 그려 간다. 묵흔의 형태보다도 붓의 움직임을 따라가는 게 문자를 읽어내기 위해서는 필수이므로 실측도와 달리 반드시 문자의 살을 붙이지는 않는다. 즉 목간의 문자를 쓰는 과정을 따라서 체험하는 셈이다. 그것에는 경험적으로 원래 크기의 스케치보다 60% 정도로 축소하는 게 편리하기 때문에 3㎜ 방안의 모눈종이에 5㎜를 1매스 분, 즉 3㎜로 기록하는 게 많다. 목간의 문자는 종서로 우행에서 좌행으로 가고, 앞면에서 뒷면으로 기재가 이어지는 게 많으므로 통상 고고학의 실측도와 달리 앞면을 우측, 뒷면을 좌측에 배치한다. 기장작업은 목간의 문자를 읽어내기 위한 가장 기본적이고 중요한 목간관찰의 기회이다. 필순을 제대로 따른다면 대체로 문자는 읽을 수 있기 때문에 기장자의 석독안을 써서 첨부해 둔다.

목간을 관찰할 때는 반드시 필요 최소한의 시간, 물에서 꺼낼 수도 있지만 물속에서 목간을 좌우로 기울여 빛이 굴절된 상태에서 나무 표면이 밝아져 문자의 콘트라스트가 상승하는 각도를 찾고 관찰하는 게 철칙이다. 적외선 장치의 병용도 유용하지만 적외선이 없이 볼 수 없는 문자라는 건 본래 없고, 적외선 장치로 보이는 문자는 기본적으로 육안으로도 관찰할 수 있을 것이다. 적외선 장치를 과신하는 건 금물이다.

사진 촬영

기장이 종료되어 목간의 전모가 판명되고, 일련번호를 붙여 관리

<그림 5> 같은 목간의 가시광 사진(오른쪽)
과 적외선 사진(왼쪽)

할 수 있게 되면, 다음으로 사진
촬영을 한다. 출토되면 바로 지
체 없이 목간 사진을 찍는 게 가
장 좋지만, 문자의 방향과 앞뒤
도 알 수 없는 단계에서 촬영하
면 오히려 혼란스러울 뿐이며, 1
점 1점을 식별할 수 있는 상태로
한 다음에 촬영하는 게 좋다.

최근은 컬러 사진의 수요도 많
고, 컬러 촬영을 실시하는 것도
증가하고 있지만, 목간 사진은
지금까지 4×5사이즈의 단색 네
거티브 촬영을 기본으로 하고 있
다. 문자를 중시한 사진에는 흑
백 촬영을 하는 편이 적당하다.
적색필터 등을 사용해서 적어도
나무 색을 날리고 문자를 강조하
는 수법을 사용하는 게 많다. 문
자를 읽어내기 위해서는 컬러 촬
영으로는 정보량이 너무 많아 도
리어 문자를 읽어내기 힘든 경우
가 생기게 된다. 그래서 이전은

문자를 강조한 촬영, 인화한 것을 붙이는 게 많았지만 그 만큼 나무로서 목간의 정보가 경시된 건 부정하기 어렵다. 나무로서 정보와 문자정도가 함께 충분히 표현될 수 있는 게 최상이므로 최선의 촬영법을 구할 연구가 지금도 진행되고 있다. 그러나 전문 카메라맨을 고용하고 있는 기관은 오히려 드물고, 목간 촬영에는 고생이 많다. 모처럼 중요한 내용의 목간이 있어도 최선의 상태의 사진이 없기 때문에 사진을 게재할 수 없는 사태도 자주 일어난다. 위약한 유물이야말로 상태가 가장 좋을 때 최적의 표현력을 가진 사진을 촬영해 두는 게 요구된다.

적외선 촬영의 이용

또한 최근에는 디지털 카메라에 의한 적외선 촬영도 가능해 졌다. 적외선에 의한 관찰은 일찍이 브라운관에 영상을 송출하는 게 일반적이며, 그것을 촬영해서 연결시킨 조작선에 찍힌 토막사진이 게재된 경우도 많았지만 게재할 만한 고품질의 적외선 사진의 촬영이 가능하게 되었다. 다만 적외선 사진은 어디까지나 문자에 특화된 사진이며, 가시광 사진과 병용하는 게 바람직하다(그림 5).

사진은 원래 크기로 확대하여 인화해 붙여 만들고 1점마다 두꺼운 바탕 종이에 붙여 열람용으로 한다. 사진촬영이 종료된 목간은 이후 수장고에 넣게 되고, 원칙으로 특별한 경우가 없는 한 꺼내서는 안 된다. 사람의 눈에 닿는 건 1년에 1회 정기적으로 실시하는 물의 확인 작업(물 교체라 칭하는 여름휴가의 연례행사)의 때 정도이다. 관찰은 기본적으로 대지사진에 의한 것으로 하고 있다. 조금이라도 햇빛과 공기에 접촉될 기회를 줄여 유물의 보존을 우선하기 위한 배려이다.

목간의 문자를 읽다

목간의 판독은 기장 노트, 사진대지, 그리고 최종적으로는 재차 유물 관찰에 의해 확정한다. 목간의 문자는 열화와 결손에 의해 불완전한 상태에 있는 게 일반적이다. 자형은 물론 목간의 형상과 문자의 위치 등 목간이 가지는 문자 이외의 정보, 고고유물로서 목간이 가진 출토정보, 기왕의 목간의 유례, 관련한 문헌사료 정보 등 모든 정보를 총동원할 필요가 있다. 하찰의 지명 해독에는 현대의 코아자(小字) 지명이 유용한 경우도 있다. 목간과 기존사료 사이, 그리고 문자와 해석 사이의 피드백이다. 남아있는 묵흔이 그렇게 보여도 해석이 잘 되지 않은 석독은 정답은 아니며, 잘 해석되어도 문자를 그렇게 읽을 수 없다면 공론에 지나지 않을 것이다.

그래서 목간의 판독은 한 사람이 하는 게 아니라 여러 사람의 눈으로 하는 게 이상적이다. 온갖 데이터를 뒤지고 찾아 다양한 가능성을 제시해 가면서 가장 타당한 판독으로 좁혀가는 것이다. 이상하게도 '정답'은 많은 사람의 동의를 순식간에 얻는 것이다. 역으로 여러 사람이 납득할 수 없는 판독은 '정답'이 아닌 경우가 많다. 여러 판독이 병존하여 수습되지 않는 경우도 아직 '정답'에 도달하지 못한 것으로 판단된다. 여러 사람의 '눈'은 인간만이 아니다. 인간이라면 우연히 생각해 낼 수 없거나 생각할 수 없는 것에도 컴퓨터라면 성실하게 정보를 제공해 준다. 다양한 목간 데이터베이스와 석독지원 시스템을 말하자면 여러 사람의 뇌로 활용할 수 있는 시대가 도래한 것이다.

이렇게 하나의 문자를 읽어 내는 게 누적되어서 1점의 목간 정보를 충분히 이끌어낼 수 있다면 이번에는 그것이 기존자료의 해석에 새로운 가능성을 열고, 또 다른 목간을 읽어낼 수 있는 자료가 된다. 원활한 지식의 순환이 풍부한 역사상을 가져오게 된다.

3. 목간의 보존·공개·활용

과학적 보존처리란

목간이 가진 정보를 최대한 끌어내 보고서의 간행을 마친 후 과학적인 보존처리를 실시하여 안정된 상태로 만드는 게 바람직하다. 일본에서 목간의 과학적 보존처리의 역사는 아직 30년 정도이지만, 기술적으로는 확립되었다고 해도 좋다. 다만 목간의 상태는 천차만별이며 1점마다 보존상황을 지켜본 후 각각에 최적의 보존 처리방법을 선택하는 게 바람직하다.

구체적인 방법으로는 PEG함침법, 진공동결건조법, 고급 알코올법, 당 알코올법 등 몇 종류의 기법이 있다. 출토된 목간이 형상을 유지하고 있는 건 충분한 수분을 계속 유지하고 있음에 다름 아니다. 그 수분이 증발되어버린다면 표면에 균열이 생기거나 수축, 비틀림 등 문자를 적은 나무 자체에 악영향을 미칠 수 있다. 그래서 이 상온

액체인 수분을 상온고체에 기화하기 어려운 물질로 대체해서 안정된 상태로 만드는 게 목간의 과학적 보존처리의 기본적인 콘셉트이다. 물과 교체시키는 물질에 따라 다양한 방법이 짜여있는 셈이다. 농도가 낮은 것에서 서서히 농도가 높은 것으로 옮기면서 충분한 시간을 들여 대체한다. 특히 두꺼운 것, 용적이 큰 것, 부식 등으로 상태가 나쁜 건 반년, 일년으로 충분한 시간을 들여 교체하지 않으면 건조된 뒤에 균열이 생기거나 불규칙한 수축이 일어나는 원인이 된다.

또한 진공동결이라는 건 진공 상태로 온도를 낮추고 얼어붙은 상태로 단번에 건조시키는 방법으로, 서서히 건조된 경우에 발생하기 쉬운 균열을 방지할 수 있다. 인스턴트 라면이나 인스턴트커피를 제조하는 경우에 널리 사용되는 방법이다. 소위 진공 동결 건조법에는 타샤리부틸알코올(제3 부탄올)을 사용하는 게 많지만 자연건조가 일반적인 고급 알코올법의 경우에도 열화가 진행되고 있는 목간의 경우 등에는 건조시 표면장력에 의한 균열을 방지하기 위해 진공동결을 병용하는 경우가 있다.

과학적 보존처리를 실시하면 물에 잠긴 상태의 목간에 가장 큰 위험인 건조를 방지할 수 있으며, 또 목간의 부식, 열화의 진행을 막을 수 있다. 목간의 보관이 용이하게 된다는 게 최대의 장점이지만, 문자 자료로서 목간에 유익한 건 습윤상태인 것에 따른 나무 표면의 흑화가 없어져 나무 본래의 밝은 색으로 되돌아가 먹과 나무껍질의 대비가 선명하게 되는 결과, 물에 잠긴 상태에서는 읽기 어려웠던 묵흔이 비교적 선명하게 되는 경우가 많다는 점이다. 따라서 과학적 보전

처리 후의 재차 석독은 필수이다.

보존처리후의 재해독

그렇다고 과학보존처리가 만능이라는 건 아니다. 목간에겐 물을 다른 물질로 대체하는 건 대수술이다. 불규칙한 수축이나 뒤틀림 등 약간의 변형이 생기는 경우도 전혀 없지 않다. 두 조각으로 분리되어 있는 목간이 같이 수축하는 게 아니라 처리 후에 연결편이 딱 접속되지 않게 되는 경우가 있다. 보존 처리 후에는 나무로서의 관찰이 곤란하게 되는 경우도 있으므로 관찰은 물에 잠긴 상태에서 충분히 하는 게 좋다. 문자에 대해서 말하자면 보존처리 후 해독이 심화되는 경우가 많은 건 사실일지라도 문자는 목간이 가진 정보의 일부인 이상, 그 정도 때문에 보존처리를 졸속으로 실시하는 건 바람직하지 않을 것 같다. 경험적으로 말하자면 물에 잠긴 상태의 목간이 안정되기엔 출토 후 몇 년을 요한다. 그 사이에 충분한 정보를 읽어낸 후 충분한 시간을 두고 과학적 보존처리를 실시하는 게 유물을 위해서는 최선인 듯하다.

또한 목간의 판독은 한번 확정되면 그것으로 끝나는 건 아니다. 묵흔이 명료해도 해독할 수 없는 문자는 꽤 된다. 특히 고졸한 자형이 많은 7세기 목간에서 현저하다. 결손과 열화에 의해 불완전한 문자가 많은 것에 더해 다양한 이체자의 존재가 크게 작용하는 셈이지만 읽을 수 없었던 문자를 읽어 낼 수 있다는 건 자주 경험하는 것이다. 그건 앞서 서술한 바처럼 보존처리의 효과는 물론이고 비교검증이 가능한 목간의 출토사례가 증가한 것에 기인하는 바가 특히 크다. 또한 적외선 장치를 비롯한 기기의 진보도 여기에 한 몫을 하고 있다. 목간 해독의 축적이 새로운 목간의 해독을 가능케 한다. 목간을 판독하는 작업에는 끝이 없는 것이다.

보존과 공개, 활용의 딜레마

목간의 공개, 활용은 사실 목간의 보존과는 모순되는 측면이 많다. 1300년간 흙속에 묻혀있던 자료를 파 내어버린 이상 안정된 체제로 그것을 후손에게 전해주는 게 우리의 책무이다. 그러나 그 자료적 가치를 널리 알리지 않고 수장고에 재워버리면 그 또한 조사자의 책무를 충분히 다 하고 있다고 할 순 없다. 보존의 관점에서 보면 실물을 널리 공개하는 게 불가능한 이상 자료가 가진 정보를 가능한 한 끌어내어 알기 쉬운 형태로 세상에 내는 것, 그것이 조사자에게 부과된 책임일 것이다.

데이터의 축적과 공개

이러한 관점에서 특히 출토 점수가 많은 유적이나 중요한 목간이 출토된 유적에서는 목간에 특화한 보고서의 작성도 시도되고 있다. 거기에 기대되는 건 가능한 올바른 판독을 전하는 것도 물론이지만 현상에서 가능한 한 선명한 목간 사진을 제공하는 것이다. 예를 들어 1966년 나라국립문화재연구소(당시)가 간행을 개시한 『平城宮木簡』 시리즈에는 원판에 만일에 경우에도 제2 원판으로서 사용이 가능하도록 선명한 콜로타이프(collotype) 인쇄에 의한 도판을 사용해 왔다. 보고서 작성, 간행 자체가 큰 문화사업이라고 할 수 있다(단 콜로타이프 원재료 조달이 어려워진 탓도 있어서 2010년 간행 『平城宮木簡七』에서는 고화질 인쇄로 바꿀 수밖에 없었다).

조사기관마다 간행물과는 별개로 기관 횡단적으로 출토정보를 수집하고 최신의 목간출토정보를 수집, 공개하고 있는 게 목간학회의 회지 『木簡研究』이다. 학회 창설의 해 1979년 11월 창간 이래 연 1회 간행을 계속해 오고 있다. 1년간 목간출토정보를 수집하고 그 해 12월 연구집회에서 '○년 출토 전국출토의 목간'으로 보고한 것을, 이듬해 11월 간행 회지에 조사 담당자들이 집필해서 게재하는 것을 원칙으로 하고 있는 것이다. 이것을 본다면 매년 전국의 목간 출토상황을 일람할 수 있는 편리한 데이터의 보고이다.

디지털 아카이브의 등장

종이 매체와 함께 디지털 아카이브의 작성도 진행되고 있다. 가장 큰 건 나라문화재연구소의 홈페이지에서 공개되고 있는 '목간 데이터베이스'이다. 나라문화재연구소의 유물관리용 데이터베이스에 기반을 둔 것인 만큼 공표된 목간을 그곳에서 선택하는 것에 『목간연구』에서 보고된 전국출토의 목간 데이터를 더한 것으로 전국의 기보고 목간을 거의 망라한 것으로 되어 있다. 목간학회를 매개로 해서 전국 조사기관의 협력에 의해 성립되는 데이터베이스라고 해도 좋을 것이다. 2010년 2월 현재 수록 목간 건수는 46,486건에 달한다.

나라문화재연구소 담당이 목간에 대해서는 이미지 데이터의 첨부도 진행되고 있으며, 목간학회 제공 데이터에 대해서도 향후 이미지 첨부가 실현되면 디지털 아카이브로서 편리성은 한층 더 높아지게 될 것이다.

나라문화재연구소 홈페이지에는 『전국목간출토유적·보고서데이터베이스』도 공개되어 있다. 이건 2004년에 목간학회와 나라문화재연구소의 협력에 의해 간행한 『전국목간출토유적·보고서종람』의 디지털판으로 목간이 출토된 전국의 유적(조사 차수별)과 그 목간이 게재된 보고서를 일람할 수 있게 되어있다. 그것에 따르면 목간 출토 유적은 홋카이도(北海道)에서 오키나와현(沖繩縣)까지 각 도도부현(都道府縣)에 걸쳐 1,100개 소 이상의 유적을 헤아린다.

나라문화재연구소 독자의 목간에 관한 데이터베이스로는 2005년에 공개된 목간의 문자화상 데이터베이스인 '목간자전'이 있다. 목간에 적혀져 있는 문자마다 화상 데이터베이스에서 목간의 전체 화상과 당해 목간의 메타 데이터와도 링크되어 있다. 2009년부터는 도쿄대학 사료편찬소의 '전자 초서 자전 데이터베이스'와도 제휴 검색 시스템 운용을 시작하였다. 고대부터 근세에 이르기까지 천년 이상에 걸쳐 일본의 문자 자형을 통람할 수 있는 획기적인 시스템이다.

실물공개를 향해

한편 목간의 실물전시는 현지설명회 등에서 속보성이라는 관점에서 출토직후의 목간이 공개되는 것 말고는 지금까지 그다지 적극적으로 이루어지지 않았던 게 현실일 것이다. 그건 취약성이라는 목간 유물로서의 특질에 기반한 부분이 컸다. 그러나 국가 중요문화재로 지정된 목간이 꾸준히 증가하고 있는 상황에서 자료로서 널리 국민 공유의 재산으로 하는 것도 요구되고 있다.

그 결과 각 조사기관마다 상황은 다르겠지만 전시환경(온도, 습도, 광선)을 확보한 상태에서 실물전시를 하는 방향성을 모색하는 움직임도 하다. 이를테면 나라문화재연구소에서는 2007년부터 '지하의 정창원전'이라 칭하는 보존처리된 목간의 기간한정 전시를 가을에 실시하고 있다. 또 시가현(滋賀縣) 아즈치성(安土城) 고고박물관에서는 2008년도 여름에 '고대지방목간의 세계'라는 7세기의 지방목간과 시가현 내 출토 고대목간을 한자리에 모은 획기적인 전시를 하였다. 전시의 가이드라인은 기관마다 다르지만 기간을 한정한 실물전시의 실시는 하나의 흐름이 되었다고 해도 좋을 것이다.

국민공유의 재산으로 하기 위해

천년의 시간을 넘어 말을 들려주는 목간. 그 보존과 공개의 양립을 도모하면서 그 말을 널리 국민공유의 재산으로 하기 위해서는 조사 기관이 제대로 된 메신저 역할을 하는 것이 필요하다. 아직 땅 속에 잠든 목간의 보전을 도모하는 한편, 그것들이 언제든 안심하고 세상에 나올 수 있게끔 사회적, 과학적 체제가 유지, 확충되길 바란다.

37년째 부활

야마모토 다카시(山本 崇)

천년의 성상을 견디고

구루미다테(胡桃館) 유적은 아키타현(秋田縣) 기타아키타시(北秋田市. 옛 기타아키타군(北秋田郡) 다카노스정(鷹巢町))에 있고, 화산재에 묻혀버린 고대 마을이다. 지금으로부터 40여 년 전인 1967년, 천년 이상 된 건물의 일부가 세워진 그대로의 모습으로 발굴되어 '일본의 폼페이'로 사람들을 놀라게 하였다. 이때 출토된 건물의 부재는 현재 기타아키타시(北秋田市)에 보관되어 있고, 당시 일부 부재는 다루기 곤란하다고 판단되어 그대로 지하에 묻어버렸다. 2008년 늦가을, 소설이 흩날리는 가운데 그 일부를 재발굴하였을 때 인연이 되어 그 조사를 실견했던 필자는 천년의 성상을 견뎌 왔다고는 생각하기 어려울 정도로 마치 어제 벌목된 것처럼 보이는 아름다운 목재가 유적의 지하에 훌륭히 보존되어 있는 것을 목격할 수 있었다.

유적은 1960년대 초 무렵 다카노스중학교(鷹巢中學校)에 인접한 야구장 정비 중에 발견되었다. 몇 차례의 조사를 거쳐 아키타현(秋田縣) 교육위원회와 다카노스정(鷹巢町) 교육위원회에 의한 조직적인 발굴

이 1967년부터 69년까지 3차에 걸쳐 실시되었다. 지하의 건물은 도와다(十和田) 화산의 분화에 의해 생긴 라하르 퇴적층(화산으로 인한 2차 퇴적층)에 두껍게 덮여 있었다. 전국적으로 보면 나라(奈良) 시대, 헤이안(平安) 시대의 건물은 사원건축을 제외하곤 거의 남아있지 않다. 하물며 주택건축으로는 몇 채가 예외적으로 전해져 귀족의 저택이 알려져 있을 뿐이다. 그것이 이 다카노스지방에서는 고대에 일어난 상상하기 어려운 규모의 재해에 의해 건물이 그대로 묻혀 남겨진 것이다. 참고로 10세기 이 지방의 집락은 분지 주변의 고지성 집락으로 이행하는 경향이 있고, 집락의 이전이 자연 재해와 지역의 부흥과 관련이 있을지도 모른다.

37년 후의 해독

구루미다테(胡桃館) 유적 목간은 발굴 당시부터 그 존재가 알려져 있었고, 당시 열도 최북단의 고대목간이었다. 발굴을 보도한 신문기사를 읽어 보면 '길이 25cm 전후의 판 양면에 먹으로 검게 적힌 명문이 있는 목찰'이 출토되었다고 기록되어 목간의 문자 해독으로 기대가 모아지고 있다(1967년 9월 5일부 아키타사키가케신보(秋田魁新報) '胡桃館遺蹟發掘記 上'). 제1차 조사를 보고한 내용에 따르면 아키타현(秋田縣) 경찰감식과에서 적외선사진촬영이 이루어져 해독도 시도한 것 같다. 그러나 유례가 부족한 특이한 형상인 것 등도 있어 해독에는 이르지 못하였다. 그후 구루미다테(胡桃館) 유적은 기토 기요아키(鬼頭淸明)씨의 저서 『古代の村』(岩波書店, 1985년)에도 다루어져 일본 고

<그림 1> 발굴중의 구루미다테유적

대사와 건축사 분야에서는 아는 사람은 아는 유적이었지만, 적어도 목간출토유적으로서는 인지되지 않고 오랫동안 그 가치를 제대로 인정받지 못했다.

　이에 대해 구루미다테(胡桃館) 유적에서 출토된 문짝의 문자는 발굴 당시에는 인식되지 않았었지만 1994년에 아키타현립박물관(秋田縣立博物館)에서 이루어진 전시에 즈음해서 후나키 요시카쓰(船木義勝) 씨가 묵서를 알아내고 처음으로 소개되었다. 그 내용은 경전을 읽은 기록이며, '寺'라 써진 묵서토기, 출토된 등잔 등의 유물과 함께 유적의 성격을 사찰로 추정하는 근거가 되었다. 그런데 묵서가 있는 출토 건축부재를 목간에 포함하는 것에 대한 이해는 이 무렵에는 일반적이지 않았고, 학계에 널리 이 문짝이 '목간'으로 인지된 건 2002년

교토대(京都大)의 요시카와 신지(吉川眞司) 씨가 현지를 방문, 새삼 이 묵서 문짝의 가치에 주목하면서부터 비롯되었다. 이 이후 관아로 봐야하는지, 사찰로 봐야 하는지 불현듯 이 보고서에 기재된 2점의 목간 해독에 이목이 집중되었다.

오래된 목간을 해독할 실마리는 나라문화재연구소에 남아 있었다. 당시 직원이 발굴조사중의 유적을 촬영해 두었다(그림 1).

1968년에 촬영된 구루미다테(胡桃館) 유적 출토 유물의 유리건판과 아키타 경찰이 촬영한 적외선 사진도 보관되어 있었다. 목간의 해독은 이들 자료의 검토부터 시작해서 그것을 진행하는 와중에 목제품으로서 보관된 현물 2점에 간신히 도달할 수 있었다. 관계자에게 문의한 바에 따르면 '마법의 물에 담근다면 읽어낼 지도 모른다'며 1968년 무렵까지 나라(奈良)에 가지고 오게 된 것 같다. 마법의 물이란 EDTA 시약 수용액을 가리킨다고 생각되며, 이 용액은 목간 표면을 일시적으로 밝게 하여 묵흔을 읽어내기 쉽게 하기 때문에 현재도 드물게 사용되고 있다. 목간 소재를 알게 된 2004년, 출토된 지 37년의 세월이 지나고 있었지만 재직한 직원 그 누구도 반입경위를 알지 못하고 그 사이 다른 목간, 목제품과 같이 매년 차질 없이 보존액의 교체를 하면서 목간을 지켜온 것이다.

보이기 시작한 역사

구루미다테(胡桃館) 목간의 현물 조사는 2004년 여름부터 단계적으로 실시했다. 목찰은 네 모서리에 구멍을 가진 한 변 220㎜정도의 거의 정방형 판으로 삼목(그림 2)이다.

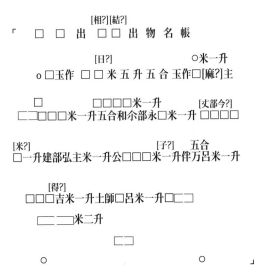

```
                   [相?][結?]
「   □  □  出  □ □  出  物  名  帳
              [日?]                     ○米一升
   o □玉作  □ □ 米 五 升 五 合 玉作□[麻?]主

         □           □□□□米一升         [丈部今?]
   □ ┐□□□米一升五合和尒部永□米一升 □□□□

  [米?]                          [子?]      五合
  □一升建部弘主米一升公□□□米一升伴万呂米一升

         [得?]
   □□□吉米一升土師□呂米一升□□┐

      ┌ ─┐米二升

                  ┌─┐
      ○                        ○              」
```

발굴 당시의 의견대로 손상은 현
저했고, 이 단계에서 육안에 의한 문
자 판독은 곤란하였다. 적외선 텔레비
전 장치를 이용하면 모니터에 '玉作'
과 '米一升'의 문자가 명확하게 송출
되었다. 2행째 이하 인명+'米'+쌀의
양의 기재가 보이자 쌀과 관련된 장

<그림 2> 인명이 적힌 장부(앞면)

부로 추측되었다. 약 반년에 걸쳐 보존처리를 행한 결과 문자의 일부
는 육안으로도 판독 가능할 정도까지 회복되었고, 玉作麻主, 建部弘
主, 和尒部, 丈部, 伴, 土師, 公子(部) 등 11명의 인물을 확인하였다. 원

래는 더 많은 인명이 기록되어 있었을 것이다. 여기에 기록된 인물은 모두 9세기 후반 무렵의 데와국(出羽國; 현재 아키타현)에 분포가 확인되는 씨족이다. 목간의 내용은 난해하며 앞면 내용은 쌀의 지급에 관련된 것인지 반대로 쌀을 내놓은 기록인지 확연하지 않고, 뒷면에 기록된 문자는 묵흔이 옅어 대부분 해독할 수 없다.

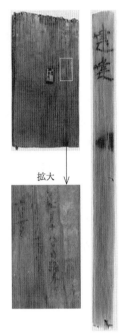

拡大

또 한 점은 '建□[建?]' 2문자가 적힌 목간(그림 3). 이 목간의 용도는 상세히 알 수 없다. 또 재차 조사를 한 묵서문짝은 '七月十六日自誦奉經, 同日卅卷. 十七日卅卷. 十八日卅卷.'의 문자가 적혀있고(그림 4) 船木씨가 이해한

<그림 3> '建□[建?]'이라 적힌 목간
<그림 4> 묵서가 있는 문짝

바와 같이 어느 해 7월 16일부터 18일까지 3일간, 매일 30권씩 경전을 읊은 기록이라 추정된다.

묵서는 여닫이로 개폐하는 문의 좌측문의 안쪽 오른편 끝이며, 문 전체에서 보면 중앙부근에 써져 있는 것이 된다. 몸집이 작은 인물이 상에 앉은 상태로 한 번에 쓴 것이라 생각된다. 『扶桑略記』 裡書에 의하면 도와다(十和田) 화산의 분화는 915(延喜15)년 7월 일어났을 가능성이 높고, 이 송경(誦經)은 이 무렵 이루어졌던 게 아닐까 하는 상상을 하게 된다.

문자의 해독과 함께 목간의 연도도 밝혀지게 되었다. 연륜연대법에 의한 연대측정에 의하면 목찰의 연륜연대는 서력 853년(心材型), 다만 邊材部(白太)는 남아있지 않기 때문에 이 연대는 벌채연대를 나타내는 게 아니다. 이것에 대해 묵서 문짝은 변재형의 양호한 자료이며, 896년 이후에 벌채된 것임이 확인되었다. 구루미다테(胡桃館) 유적의 유물로는 책상 상판의 연륜연대가 905년를 나타내고 있음과 아울러 구루미다테(胡桃館) 유적의 연대는 9세기말 내지 10세기 초의 범위라 생각하는 게 대략 틀림이 없는 것이라 여겨진다.

목찰에 보이는 인물은 사료가 부족한 동시대의 다카노스(鷹巣)와 고대사상 저명한 사건과 연결시키게 되었다. 878(元慶2)년에서 그 이듬해에 걸쳐 후슈(俘囚 옮긴이: 정부에 복속된 에미시(蝦夷)를 이르는 말)가 봉기해서 아키타성(秋田城)을 습격하는 사건이 일어난다. 이른바 원경(元慶)의 난이다. 다카노스(鷹巣)는 난이 일어났을때 아키타성(秋田城) 아래 반역한 12마을의 하나인 스기부치(榲淵)에 해당한다고 생각되어 있다. 이 난 당시 율령국가 측에 속해서 활약한 아키타성(秋田城) 부근의 후슈(俘囚)로 목찰에 보이는 다마쓰쿠리(玉作), 도모(伴) 등과 같은 씨족이 확인된다. 목찰이 건물 폐기시와 동시대의 것이라 봐도 좋다면 목찰에 보이는 인물은 10세기 초 다카노스(鷹巣) 지방에서 활약하고 있던 게 된다. 따라서 玉作, 伴 등의 씨족은 난이 일어났던 원경 2년 이후의 30여년 사이에 아키타성(秋田城) 부근에서 요네시로천(米代川) 유역의 다카노스(鷹巣)에 이르기까지 그 활동범위를 넓히고 있는 것이다. 이 사실은 난을 경계로 요네시로천(米代川) 유역의 세력 분포가 변화하고 있음을 짐작케 한다. 구루미다테(胡桃館) 유적과 그 목간은 북동북(北東北) 지방의 10세기 역사를 알기 위한 1급 사료로서 매우 주목된다.

여러 분야의 지식을 결집해서

이상 소개한 바와 같이 구루미다테(胡桃館) 유적 연구는 목간의 해독을 발단으로 확실히 새로운 단계로 나아가게 되었다. 목간의 발견과 해독의 일익을 담당한 건 뜻밖의 행운이었다. 조사를 진행하는 과정에서 당시 발굴에 관련된 분들에게 많이 배웠는데, 선학의 지금도 식을 줄 모르는 유적에 대한 열정이 인상에 남았다. 그러나 중요한 건 그 경위가 아니다. 연구의 축적과 기술의 진보가 역사연구를 크게 추진할 가능성이 있다는 것을 보여주고 싶었던 것이다.

구로미다테(胡桃館) 유적 출토유물은 유적지에 세워진 수장시설에 보관되어 있다. 2007년에는 기타아키타시(北秋田市) 교육위원회와 나라문화재연구소가 협력해서 출토부재 전체를 대상으로 조사를 실시, 이듬해 2008년 3월에 건축부재의 도면을 게재한 보고서를 간행하였다(奈良文化財研究所編, 北秋田市教育委員會發行 『胡桃館遺蹟埋沒建物部材調査報告書』). 조사성과에 기반한 리스트에 의해 2009년 7월 10일, 3점의 목간을 포함한 건축부재와 출토유물은 아키타현(秋田縣) 구루미다테(胡桃館) 유적 출토품(고고자료 일괄)으로 중요문화재에 지정되었다. 행정조직과 현지인들에 의해 극진히 보호되고, 오래도록 북동부 고대사의 기초 자료로서 활용되기를 바란다. 최근 유적 주변에서 실시하고 있는 범위 확인을 위한 유적 탐사는 착실히 성과를 거두고 있고, 주변에 묻혀있는 유구의 흔적을 포착하게 되었다. 시굴조사에서 채집한 十和田(도와다) a화산재 분석에 의해 화산재가 내린 연대와 재해 당시의 집락 환경도 밝혀지려 하고 있다. 고고학, 고대사, 건축사, 지하탐사, 고환경 등 제반 분야의 지식을 결집한 구루미다테(胡桃館) 유적의 종합 조사로 지하 유적에 감춰진 사실이 밝혀지게 된 것이다.

목간은 뒷나무로 사용되었다

이노우에 가즈토(井上 和人)

엉덩이를 닦는 도구

지난 반세기 동안 고대사학에 참신한 정보를 제공하고 있는 목간이지만 그 대부분이 파편이 된 상태로 발굴된다는 건 그다지 알려져 있지 않다. 이 사실에 대해서는 종래 공문서로서 목간의 기재 내용을 뒤에 남겨 두지 않기 위해 가늘게 잘랐다는 이해가 유일했다. 현대적으로 말하자면 문서파쇄기이다. 그러나 공문서로 사용된 것에 한정되지 않고, 연습한 문자가 연속하고 있는 목간도 동일하게 가늘게 잘라져 있는 것이다. 즉 가늘게 된 이유는 파쇄의 목적이 아니라는 것이다. 아래에 설명하는 바와 같이 고대 유적에서 출토된 목간의 대부분은 배변후 엉덩이를 닦는 도구로 재활용되고 버려진 것이었다. 이 도구를 추기(籌木)라고 한다.

추기(籌木) 혹은 간단히 추(籌)라 불리는 도구는 말할 것도 없이 중국 대륙에서 유래하였다. 청말에서 민국에 걸친 사람, 샹빙허(尙秉和)의 저작 『中國社會風俗史』에 따르면 '대변 후에는 무엇을 사용해서 닦았는가. 한 이전의 오래된 건 알 수 없다' 라 하여 晋(3~4세기) 무렵부터 송대(10~12세기)에 이르기까지 추(籌)에 얽힌 몇 가지 문헌을 들고, '元(13세기~)이전에는 貴人도 추(籌)를 사용하였다. 지금은 대부분 종이를 사용하지만 시골에서는 여전히 추(籌)를 사용하는 사람도 있다고 한다'고 설명하고 있다. 일본에서도 12세기 후반 무렵의 『餓鬼草子』제3단 '伺便餓鬼'에 묘사된 나막신을 신고 쭈그려 앉아 배변하고 있는 남아와 부인의 주위에 흩어진 작은 목편의 존재가 잘 알려져 있다. 민속지에도 '스테기(捨木)'로 거론되며, 지역에 따라서는 '조기' '스텐기' '스텐보' '조키기' 등으로 불리고, 쇼와(昭和) 초 무렵(1930년경)까지 사용된 곳도 있다.

나는 헤이조큐(平城宮) 터 발굴조사에 참여하던 와중에 도랑과 쓰레기 구덩이에서 딱 쪼갠 나무젓가락 정도 크기, 형태의 목제품이 다수 출토된 것을 보고, 이건 엉덩이를 닦기 위한 건 아닐까 생각했었는데, 확증은 못한 채 시간을 보내고 있었다. 그 해답은 1991년에 규슈에서 발신되었다. 후쿠오카시(福岡市)에 있는 고대 영빈관, 고로칸(鴻臚館) 유적의 발굴조사에서 '변소'가 아닐까하는 깊은 구덩이가 발견되었는데, 여기서 명확히 배설물에 유래한 퇴적토양 가운데 천점을 넘는 얇고 긴 판자형 목편이 묻혀 있었던 것이다. 바로 이것이 추기이며, 그 형상은 헤이죠쿄와 후지와라쿄에서 출토된 '추기(籌木)'와 같았다. 이후 고대 유적에서 추기(籌木)의 존재가 주목되기 시작하게 된다. 그렇지만 공표되지 않고 유물 수장고 한구석에 내몰리는 경우도 적지 않았다. 그 와중에 내가 확인한 일본 '最古'의 추기(籌木)는 미야기현(宮城縣) 다가조시(多賀城市)의 산오(山王) 유적에서 출토된 6세기 후반의 것이다.

쓰레기 구덩이와 溝에서

추기는 각지의 출토품을 보면 실로 다양한 형태를 띠고 있는 것으로 알려져 있다. 기본형은 너비 2㎝, 길이 20㎝ 내외의 얇고 가는 판이지만, 매우 정교하게 가공한 것도 있으면서 다른 목재에서 쪼갠 세판의 측변을 거칠게 깎은 것도 있고, 길이 40㎝를 넘는 것부터 5㎝보다 짧은 것까지 다양하다. 짧은 건 한 번 사용한 추기(籌木)의 말단부를 꺾어서 재사용할 때 생긴 단면일 것이다. 그 끝부분의 모양도 비스듬히 깎은 것, 바로 꺾은 것 등이 있다. 이러한 다채로운 모양은 추기(籌木)를 사용할 때 미리 조정해 둔 경우, 즉석에서 가공하여 사용하는 경우 등 다양한 상황에 대응하여 만들어진 것을 시사한다. 추기(籌木)는 변조(便槽)인 게 분명한 유구뿐만 아니라, 산오(山王) 유적처럼 집락유적 부근에 흐르는 하천 속에서 쓰레기로 버려진 다른 생활재와 함께 출토된 것도 있다. 또 도성 유적에서는 조방도로의 측구와 배수로 속 혹은 쓰레기 구덩이 속에서 보편적으로 출토되며, 특히 도랑에서 때로는 수백점이 넘는 수량의 추기(籌木)가 한곳에 뭉쳐 발굴되는 것도 드물지 않다. 나는 별도로 논의하였듯이 헤이조쿄(平城京)를 비롯한 고대 도성 등에서는 현대의 변소에 해당되는 일정한 시설은 없고, 배변은 기본적으로 요강을 사용하고, 사용된 추기와 함께 도랑이나 쓰레기 구덩이에 투기한 것으로 생각하고 있다. 고로칸(鴻臚館) 변조(便槽)도 배설물을 투기하기 위한 구덩이였다.

단편화의 이유

그런데 목간에 관해서는 일본에서 목간연구의 출발점이 된 헤이조큐(平城宮) 유적 출토 목간에 대한 최초의 보고서인 『平城宮木簡 一』에서는 토갱 SK820에서 출토된 1,843점의 목간을 해설하는 가운데 '한 번 사용한 목간을 재이용하기 위해 묵서부분을 깎았을 때 생긴 삭설이 가장 많고, 폐기하기 위해 쪼개거나 깎아버린 것 혹은 절손해서 원형을 잃은 목간의 일부분만 남은 게 그다음으로 많아 전체 8할 이상에 달하며 거의 완형에 가까운 건 1할에도 미치지 않는다. 이 비율은 지금까지 헤이조큐(平城宮) 출토 목간의 대세와 거의 일치하고 있다'고 서술되어 있다.

출토된 목간 가운데 가장 많은 삭설 943점 이외를 보면 단편화된 게 8할을 점한다. 투기된 유물이 유실하는 게 많은 溝 등과는 달리 토갱 즉 쓰레기 구덩이에서 일괄 출토 유물군임에도 불구하고 '폐기하기 위해' 쪼개거나 꺾은 것이었다면 하나의 목간이었던 것으로 접합할 수 있는 파편 예가 매우 적다. 이것도 출토 목간이 추기(籌木)였던 것을 단적으로 보여주는 중요한 현상의 하나이다(그림 1).

후쿠오카시(福岡市) 고로칸(鴻臚館) 유적의 변조(便槽) 유적에서는 다수의 추기에 더해 73점의 목간도 출토되었다. 보고서에 게재된 것을 보면 그 중 완형품은 6점이며 이외 세로로 쪼갠 게 7점, 가로로 깎은 것 혹은 꺾인 게 6점 등이 된다. 세로로 쪼갠 것 중에 '讚岐國三木郡 □□六斗'라 묵서된 하찰목간은 좌측이 결실되어 있고 2편이 접합한다(그림 2의 38·55).

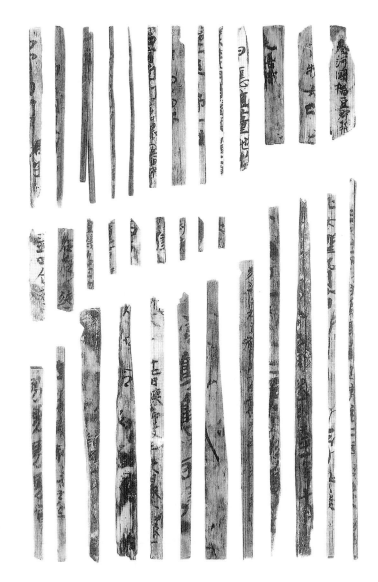

<그림 1> 헤이조쿄(平城宮) 토갱 SK820 출토목간(이것들은 모두 개별 목간의 단편이다)

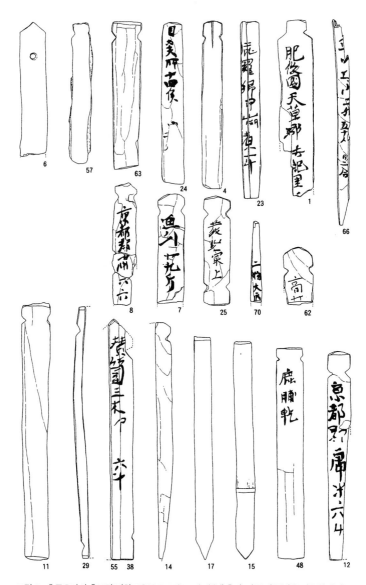

<그림 2> 후쿠오카시 홍로관 정화조유구 SK57(17·15는 본래 츄기, 다른 건 목간을 전용한 츄기)

이 사례에서 2편은 빈틈없이 접합할 수 있지만, 마찬가지로 2편이 접합되는 '庇羅鄕甲□煮一斗'라 묵서된 하찰목간은 (그림2의 23), 쪼갠 면을 합쳐도 조그마한 틈이 불규칙하게 생긴다. 이 건 목간을 쪼갠 후 쪼갠 면을 깎아낸 결과의 현상이다. 이 사실은 목간의 기재내용을 말소할 목적으로 쪼갠다는 판단에 의문을 제기하는 것일 듯하다. 즉 이 경우 추기로 재활용하기 위해 목간을 둘 내지 세편으로 세로로 쪼개고, 그때 거스러미가 일어난 측면을 깎아버려 평활하게하고 동시에 끝부분 가까이 측면의 각 부분을 날카롭게 해서 추기(籌木)로 사용하기 쉬운 형태로 갖춰 놓았다.

1992년에는 후지와라쿄(藤原京) 右京七條一坊에서의 발굴조사로 대변 저류구덩이가 발견되었다. 이 구덩이는 길이 1.6m, 너비 0.5m의 평면이 장타원형이며, 1m 전후의 깊이였다고 추정되었다. 이 토갱에서는 회충과 편충 등 기생충알, 파리 번데기 등 곤충유존체 등과 함께 150점의 추기(籌木)와 30점의 목간이 출토되었다. <그림3의 1>은 거의 완형. 2는 2편으로 쪼개져 있지만 적어도 세로로 3편으로 쪼갠 것이다. 그 이외의 목간에 대해 보면 쪼갠 1변의 아랫부분을 핀 끝 모양으로 가늘고 날카롭게 깎아 낸 것(그림 3의 3), 세로로 쪼갠 목간의 한 변 끝을 칼 끝 모양으로 얇게 깎아낸 것(그림3의 4,5) 등이 있다. 이러한 모양은 목간의 전용품이 아니라 일반적인 추기(籌木)에 자주 보인다.

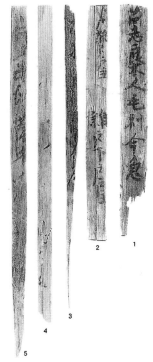

<그림 3> 후지와라쿄 우경 7조 / 방
sx7420(분변구덩이)출토 목간

출토 목간과 추기(籌木)의 공통점

앞의 두 유적에서 대변을 묻었 던 구덩이에서 많은 일반 츄기와 함께 출토된 목간을 관찰하는 한 쪼개진 건 추기(籌木)로 재이용된 것이라 볼 수 있고, 더욱이 완형 의 목간도 또한 추기로 사용되었 다고 생각해도 좋을 것이다. 그 리고 목간이 많이 출토되는 도로 측구와 쓰레기 구덩이에서는 종 종 목간보다 더 많은 추기(籌木) 가 발견되는 것에서 발굴된 목간 은 삭설을 제외하고 대부분 추기 (籌木)로 재사용되어 폐기된 것임 은 틀림없다.

추기(籌木)와 출토 목간에 공통 하는 건 모양 뿐만은 아니다. 모 두 극소수 예를 제외하고 소각되지 않은 것이다. 추기(籌木)에 관해서 는 쇼와(昭和) 초기 일본 각지에서의 조사에 따르면 소각된 예도 있지 만 소각되지 않은 경우의 이유로 부정한 추기(籌木)에 신성하고 청정 해야할 불을 접촉시키지 않기 위함이라는 설명이 있다. 이 습속을 고 대로 소급시킬 것의 시비는 별도의 문제이지만 혹시 목간이 공문서로서 역할을 마친 후 보통 폐기되는 것이라면 대부분은 일찍이 썩어 없어져 버리는 게 틀림없다. 즉 목간 중 추기(籌木)로 전용된 것에 한하여 변소유적이나 측구 등 추기(籌木)와 같이 수분이 충분할 것 같은 환경에 매몰되었기 때문에 썩지 않고 오늘날 귀중한 역사정보를 전달하고 있는 게 아닐까.

지난해 국가의 중요문화재에 지정된 헤이조쿄(平城京) 제1호 목간(본서 2장 78페이지 참조)도 또한 세로로 쪼갠 1편이며, 그 쪼개진 단편의 한쪽만을 깎았다. 분명히 추기(籌木)로 재이용된 뒤에 폐기된 것이다. 이 목간은 내리(內裏) 서북쪽의 대선직(大膳職)이라 추정되는 관아구획의 한 곳을 굴착한 쓰레기 구덩이 SK219에서 출토된 것인 만큼 함께 출토된 목간 가운데 이 제1호 목간과 접합할 수 있는 단편은 존재하지 않는다.

맺음말

목간학회는 창설 이후 30년 동안 목간 연구에 임하고 있다. 30주년을 기념해서 출간하는 본서에서는 고대사연구의 유력한 사료로서 목간의 특징이 잘 부각될 수 있는 내용과 함께 목간연구의 행보, 동아시아에 확산된 목간문화, 지금도 오키나와에 살아있는 주부목간 등을 소개했다. 풍부한 목간 세계의 일단을 즐길 수 있었던 것으로 믿는다.

그러나 목간연구에 필요한 건 그것에 써진 내용의 검토뿐만이 아니다. 원래 언제 어느 장소에서 왜 종이가 아닌 나무가 선택되었고, 누구에 의해 어떤 형태로 목간이 작성되었는가. 그리고 그것에 누가 무엇을 쓰고 어떻게 사용했는가, 어디에서 어디로 이동하였는가. 그리하여 최후는 언제 어디서 어떻게 버려진 것인가라는 목간의 일생을 복원하는 게 요구된다. 본서에서도 계속해서 그러한 내용에 대해 접할 수 있었다.

게다가 폐기된 고대 목간은 천년 이상 되어 현대에 이르러 우연히 발굴되어 고대사의 사료로 변신하는 만큼 목간이 말해주는 내용을 만전을 기해 짐작하기 위한 노력이 우리에게 부과되어 있다. 그리고 다양한 지식의 축적과 과학기술의 진전에 의해 이해할 수 있는 데이터는 확실히 많아지고 있다. 수십 년 전 출토되었을 때에는 읽을 수 없었던 문자에서 적외선장치 등을 사용하는 것에 의해 석독이 가능하게 된 것도 있다. 마찬가지로 지금은 읽을 수 없는 문자도 장차 기술에 의한다면 읽는 게 가능하게 되는 것도 충분히 생각할 수 있다. 그날을 맞이하기 위해서는 목간을 손상하지 않고 미래에 전달할 필요가 있다. 본서가 목간에서 무엇을 알 수 있는가하는 점에 머물지 않고 목간 자체의 취급과 보존의 문제를 소개한 까닭이다.

그러나 보존의 필요는 출토된 목간만의 이야기는 아니다. 애초 땅속에는 또 무수한 목간이 묻힌 채 언젠가 지상으로 나타나 역사를 말할 날이 올 것을 기다리고 있다. 목간이 장기간에 걸쳐 썩지 않고 남게 된 건 태양빛과 공기로부터 차단되어 지하수로 지켜진 환경 속에 있기 때문이다. 그날이 올 때까지 땅속에 잠든 목간이 무사한 상태로 유지될 수 있는 환경을 유지하도록 노력하는 것도 우리에게 요구되고 있는 셈이다.

본서는 新書라는 특성상 다루고 있는 모든 목간에 대해 그것에 써진 문자 내용(석문)을 소개할 수 없었다. 또 목간학회의 기관지『목간연구』에서 목간을 소개할 때에는 반드시 기재하는 목간의 제원(길이, 너비, 두께)와 형태를 나타내는 형식번호(예를 들어 긴 장방형은 011이라 한다)와 각장의 서술의 전제가 된 참고문헌도 기재하지 않았다(도판을 게재한 것에 대해서는 제원을 권말에 기재). 자세히 알고 싶은 분은 꼭 『목간연구』와 나라문화재연구소를 비롯한 각 발굴조사기관에서 간행되는 보고서를 살펴보시기 바란다.

목간에 대해 더 깊이 있게 이해하고 싶은 분들을 위해 몇 가지 책을 소개하고 싶다. 목간을 이용한 연구서는 수많이 간행되고 있지만, 여기서는 너무 전문적인 게 아니라 목간에 관련한 입문서에 한정한다.

우선 목간학회는 각각 10주년, 20주년 기념으로 『日本古代木簡選』(岩波書店, 1990년), 『日本古代木簡集成』(東京大學出版會, 2003년)을 간행하였다. 모두 기본적으로 원래 크기의 사진을 붙여 주요한 목간을 소개하고 있다. 그 외 1990년 이후에 간행된 것으로는 기토 기요아키(鬼頭淸明)『木簡』(考古學 ライブラリー, ニュー·サイエンス社, 1990년), 同 『木簡の社會史』(講談社學術文庫, 2004년), 히라노 구니오(平野邦雄), 스즈키 야스타미(鈴木靖民)編 『木簡が語る古代史 上,下』(吉川弘文館, 1996, 2001년), 도노 하루유키(東野治之)『木簡が語る日本の古代史』(同時代 ライブラリー, 岩波書店, 1997년, 현재는 岩波新書로 복간, 한국어판), 오오바 오사무(大庭脩) 編著 『木簡-古代からのメッセージ』(大修館書店, 1998년), 가네가에 히로유키(鐘江宏之)『地下から出土した文字』(日本史 リブレット, 山川出版社, 2007년) 등이 있다.

거기에 『목간연구』에 수집된 목간정보 등을 이용하여 나라문화재연구소 홈페이지에서 공개하고 있는 '목간 데이터베이스'는 누구라도 액세스할 수 있기 때문에 목간의 검색에 매우 유용하다. 또 목간에 써진 문자에 대해서 다양한 서체를 집성하여 비교 검토할 수 있도록 한 게 동연구소가 작성한 '목간화상데이터베이스 목간자전'이 공개되어 있으며, 동연구소편의 『日本古代木簡字典』(八木書店, 2008년)도 간행되었다.

본서를 읽은 여러분이 이 책과 데이터베이스 등을 단서로 목간의 세계에 한걸음 더 발을 디딜 수 있다면 기쁠 따름이다.

2010년 5월

다테노 가즈미(館野和己)

도판 출전 일람

목간도판(일본국내출토)에 대해서는 ( ) 안에 소장처를, 그 후에 전재, 참고자료의 서지를 나타낸다(약칭: 나문연-나라문화재연구소, 소장처와 같은 경우는 자료 간행처를 할애). 서지에 아울러 게재페이지, 도판번호, 또는 각 보고서에 목간에 부여된 번호를 나타내는 게 있다. [ ]내에는 목간의 목간의 크기를 길이·너비·두께 순으로 나타냈다(단위는 ㎜). 결손에 의해 원형을 유지하지 못한 경우는 숫자를 ( )에 표시하였다.

1장

*그림 1 藤原宮跡出土·「上挾国阿波評松里」木簡(奈良県立橿原考古学研究所),『評制下荷札木簡集成』, 奈文研, 2006, 75号 [(175)·26 6]

*그림 2 観音寺遺跡出土·論語木簡(部分) (徳島県立埋蔵文化財総合セ ンター) [(635)·25 14]

*토픽1: 飛鳥池遺跡出土·「官大夫前白」木簡(奈文研),『飛鳥藤原京木簡1』2007, 1号 [(257)·28 3]

토픽2: 平城宮跡出土·「伊豆国賀茂郡三嶋郷」木簡(奈文研), 『平城宮木簡1』1966, 342号 [323·27·5]

2장

*그림1 平城京図, 『古代都市平城京の世界』舘野和己, 山川出版社, 2001

*木簡② 平城京二条大路出土·「右京四条進槐花」木簡(奈文研), 『平城宮発掘調査木簡概報22』1990, 10頁上[264·37·3]

*木簡⑦ 平城宮跡出土·「寺請」木簡(奈文研), 『平城宮木簡1』1966, 1号[259·(19)·4」

*木簡⑬ 平城京跡東三坊大路出土·「告知往還諸人」木簡 (奈文研), 『木簡研究16』1994, 191頁[993·73·9]

*토픽3: 그림1 平城京長屋王邸跡出土·「長屋親王宮」木簡 (奈文研), 『平城宮発掘調査出土木簡概報25』1992, 30頁上[214·26·4]

*木簡② 平城京長屋王邸跡出土·「牛乳持参人」木簡 (奈文研), 『平城京木簡1』1995, 322号[252·22·6]

*木簡③ 平城京長屋王邸跡出土·「山背蘭司進上」木簡 (奈文研), 『平城京木簡 2』2001, 1754号[255·30·4]

*木簡⑧ 平城京長屋王邸跡出土·「当月廿一日御田」木簡(奈文研), 『平城京木簡2』2001, 1712号[219·14·2]

*토픽 4: 그림1 紫香楽宮跡(宮町遺跡)出土·歌木簡(甲賀市教育委員会) [(79+140)·(22)·1]

3장

*그림1 河北潟·北陸道と古代主要遺跡図,『日本の原像』平川南, 全集日本の歴史第2巻, 小学館, 2008

*그림2 加茂遺跡出土·牓示札 (石川県埋蔵文化財センター, 復元複製所蔵=国立歴史民俗博物館),『古代日本 文字のある風景』国立歴史民俗博物館, 2002 [233·613·17]

*木簡① 観音寺遺跡出土·「板野国守大夫」木簡(徳島県立埋蔵文化財総合センター),『観音寺遺跡I (観音寺 遺跡木簡篇)』徳島県教育委員会·(財)徳島県埋蔵文化財センター·国土交通省四国地方整備局, 2002 [(272)·52·5]

*木簡② 下ノ西遺跡出土·「殿門上税」木簡(長岡市教育委員会),『下ノ西遺跡出土木簡を中心として一』和島村教育委員会, 1998[225·(80)·103]

*그림3 八幡林遺跡出土·封緘木簡(長岡市教育委員会)『八幡林遺跡』和島村教育委員会, 1994 [(385)·36·6]

*木簡③ 安芸国分寺跡出土·「目大夫」木簡(東広島市教育委員会),『史跡安芸国分寺跡発掘調査報告書IV』東広島市教育文化振興事業団, 2002 [(553)·49.5·3.5]

*그림4 唐津市·中原遺跡全景,『古代の中原遺跡』佐賀県教育委員会, 2005

*그림5 中原遺跡出土·「甲斐国」防人木簡(佐賀県教育委員会),『中原

遺跡Ⅲ』2009[(269)·(32)·4]

　*木簡⑥ 伊場遺跡出土·「美濃関向京」木簡(浜松市博物館),『伊場遺跡総括編』浜松市教育委員会, 2008, [(326)·30·12]

　그림6 過所木痛作成過程想定図,『古代地方力 木簡の研究』平川南, 吉川弘文館, 200

　*그림7 固関木契(宮内庁書陵部),『企画展示 長岡京遷都―桓武と激動の時代―』国立歴史民俗博物館, 2007

　*木簡⑧ 柴遺跡出土·呪符木簡(兵庫県立考古博物館),『柴遺跡』兵庫県教育委員会, 2009[(400)·52·4]

　*그림8 下田東遺跡出土·「和世種」木簡(香芝市教育委員会),『下田東遺跡発掘調査概報―平成17年度―』香芝市二上山博物館, 2007[368·111·10]

　*그림9 畝田ナベタ遺跡出土·「須流女」木簡(石川県埋蔵文化財センター),『金沢市畝田東遺跡群Ⅳ』石川県教育委員会·(財)石川県埋蔵文化財センター, 2006[147·24·2]

　*토픽 5: 木簡② 長登銅山跡出土·「太政大殿」木簡(美祢市 長登銅山文化交流館),『長登銅山跡出土木簡』美東町教育委員会, 2001, 110頁[163·29·8]

　*토픽 6: 그림1 袴狭遺跡出土·「八月十日」木簡(豊岡市教育委員会),『木簡研究 19』60頁[(347)·75·8]

4장

*그림1 朝鮮半島木簡出土遺跡分布地図, 橋本繁氏作図

*그림2 高麗の竹製荷札(韓国国立海洋文化財研究所)

*그림3 平壤出土·論語竹簡(朝鮮民主主義人民共和国社会科学院歴史研究所)

*토픽 7: 그림1 居延出土·封検,『居延漢簡』, 中央研究院歴史語言研究所, 専刊之二十一, 労幹編, 1957初版, 1977再版

*그림2 長沙馬王堆一号漢墓出土·封泥匣,『中国古代文明の原像』稲畑耕一郎·西江清高監修, アジア文化交流協会, 1998

*그림3 敦煌出土·刻歯木簡,「大英図書館所蔵の敦煌漢簡」『中国中世の文物』冨谷至, 京都大学人文科学研究所, 1993

*木簡図版『居延新簡』甘粛省文物考古研究所·甘粛省博物館·中国文物研究所·中国社会科学院歴史研究所, 中華書局

*그림4右『居延新簡』(前出)

*그림4左『居延漢簡」(前出)

*토픽 8: 그림1~5, 모두 집필자 촬영

5장

*그림1~5, 모두 나문연 제공

*토픽 9: 그림1 発掘中の胡桃館遺跡(奈文研)

*그림2~4 胡桃館遺跡出土木簡(그림2 帳簿木簡[224·226·11]

*그림3「建口〔建ヵ〕」木簡[(175)·26·6]

*그림4 墨書扉板木簡(部分) [(973)·504·43] (北秋田市教育委員会),『胡

桃館埋没建物部材調査報告書』奈文研, 2008

　*토픽 10: 그림1 平城宮跡·土坑SK820 出土木簡(奈文研)

　*그림2 鴻臚館跡出土·便槽遺構SK57出土木簡(福岡市埋蔵文化財セン

ター),『福岡市鴻臚館I 発掘調査概報』福岡市教育委員会, 1991

　*그림3 藤原京跡右京七条一坊SX7420(糞便貯留穴) 出土木簡(奈文

研)

집필자 소개
(집필순)

사카에하라 도와오(榮原 永遠男)

1946年生 大阪市立大學 名譽教授, 전 大阪市立博物館 館長『日本古代錢貨
流通史の研究』『奈良時代の寫經と內裏』등

와다 아쓰무(和田 萃)

1944年生 京都教育大學 名譽教授『日本古代の儀礼と祭祀·信仰』(全3冊)
『大系 日本の歴史2 古墳の時代』『飛鳥』등

이치 히로키(市 大樹)

1971年生 大阪大學 教授『飛鳥藤原木簡の研究』등

바바 하지메(馬場 基)

1972年生 奈良文化財研究所 史料研究室長『平城京に暮らす』등

다테노 가즈미(舘野 和己)

1950年生 전 奈良女子大學 教授『日本古代の交通と社會』『古代都市平城
京の世界』『古代都城のかたち』등

모리 기미유키(森 公章)

1958年生 東洋大學 敎授 『古代郡司制度の研究』 『古代日本の対外認識と通交』 『長屋王家木簡の基礎的研究』 『地方木簡と郡家の機構』 등

히라카와 미나미(平川 南)

1943年生 人間文化研究機構 機構長, 전 國立歷史民俗博物館 館長 『漆紙文書の研究』 『古代地方木簡の研究』 『墨書土器の研究』 『よみがえる古代文書』 등

사토 마코도(佐藤 信)

1952年生 木簡學會 會長·橫濱市歷史博物館 館長, 東京大學 名譽敎授 『日本古代の宮都と木簡 』 『出土史料の古代史』 『古代の地方官衙と社會』 등

요시카와 신지(吉川 真司)

1960年生 木簡學會 副會長·京都大學 敎授 『律令官僚制の研究』 『東大寺成立過程の研究』 『平安京』 등

이성시(李成市)

1952年生 早稻田大學 敎授 『古代東アジアの民族と国家』 『韓国出土木簡の世界』 『東アジア文化圏の形成』 등

스미야 쓰네코(角谷 常子)

1958年生 奈良大學 敎授 『邊境出土木簡の研究』 (共著) 등

야마자토 준이치(山里 純一)

1951年生 名櫻大學 教授, 琉球大學 名譽教授『律令地方財政史の研究』『古代日本と南島の交流』『呪符の文化史』등

와타나베 아키히로(渡辺 晃宏)

1960年生 木簡學會 副會長·奈良大學 教授. 전 奈良文化財研究所 副所長『平城京と木簡の世紀』『平城京一三〇〇年「全検証」』등

야마모토 다카시(山本 崇)

1972年生 奈良文化財研究所 史料研究室長『全国木簡出土遺跡·報告書綜覧』『和国の教主 聖徳太子』(공저) 등

이노우에 가즈토(井上 和人)

1952年生 전 奈良文化財研究所 副所長『日本古代都城制の研究』『古代都城制条里制の實証的研究』등

경북대학교 인문학술원
HK+사업단 번역총서 02

목간에서
고대가
보인다

엮은이 | 日本木簡學會

옮긴이 | 橋本繁 이동주

발행인 | 최병식

발행일 | 2022년 1월 5일

주류성출판사

서울특별시 서초구 강남대로 435 주류성빌딩 15층

전화 | 02-3481-1024(대표전화) 팩스 | 02-3482-0656

홈페이지 | www.juluesung.co.kr

잘못된 책은 교환해 드립니다.

ISBN 978-89-6246-473-3 94910

ISBN 978-89-6246-447-4 94910(세트)